社会主义核心价值体系建设

"双百"出版工程

项 目

/ 100 位

新中国成立以来感动中国人物/

杨 利 伟

董恒波/著

★

吉林文史出版社

《100位新中国成立以来感动中国人物》丛书

★★★★★

编 委 会

前　言

每个人的心中都多少有一点英雄情结，都向往英雄、景仰英雄。也正因此，在中华人民共和国建国六十周年之际，由中央十一部委联合组织开展的"100位为新中国成立作出突出贡献的英雄模范人物和100位新中国成立以来感动中国人物"的评选活动中，群众参与投票总数近一亿。这其中的每一张选票，都表达了人们对英雄模范的崇敬之情，寄托着对伟大祖国的美好祝福。

一个民族不能没有英雄，否则这个民族就不会强大。当国家危难之时，懦弱者选择了逃避、妥协甚至投降，英雄们却挺身而出，用热血捍卫民族的尊严，人民的幸福。在创立和建设新中国的伟大历程中，涌现出无数可歌可泣的英雄模范人物。他们之中，有为了民族独立和人民解放而英勇牺牲的革命先烈，有为了党和人民的事业而不懈奋斗的优秀共产党员，有在全民族抗战中顽强奋战、为国捐躯的爱国将士，有英勇杀敌的战斗英雄和革命群众，有积极从事进步活动的著名民主爱国人士和国际友人……他们是民族的脊梁、祖国的骄傲，是激励全体人民团结奋斗的精神力量。

《100位新中国成立以来感动中国人物》丛书，就像一部星光璀璨的英雄谱，真实、完整地记录了英雄模范人物不平凡的一生，再现了他们非凡的人格魅力和精神世界。舍身堵枪眼的黄继光，拼命也要拿下大油田的王进喜，中国原子弹之父邓稼先，新时期领导干部的楷模孔繁森……一串串闪光的名字，一个个动人的故事，犹如群星闪烁，光耀中华。

当今中国正处于伟大变革的时代，迫切需要涌现出一大批勇于承担历史使命、为祖国和人民奉献一切的先进人物。在"双百"人物崇高精神的引领下，在建设社会主义现代化国家的征程中，必将英雄辈出。

生平简介

　　杨利伟，男，汉族，辽宁绥中县人，中共党员，大学文化。杨利伟是中华人民共和国第一位进入太空的太空人，中国人民解放军少将军衔，特级航天员。现任中国航天员科研训练中心副主任。他是中国培养的第一代航天员，在中共十七大上当选为中央候补委员。

　　杨利伟1965年6月21日出生在辽宁绥中县的一个书香门第家庭。1983年，考入了空军第八飞行学院。4年后毕业。1996年，参加航天员初选体检。1998年1月，他和其他13位空军优秀飞行员一起，成为中国第一代航天员。由于航天员大队隶属总装，在当时改为陆军。2003年7月，经载人航天工程航天员选评委员会评定，具备了独立执行航天飞行的能力，被授予三级航天员资格。时为中校军衔。2003年10月15日9时，杨利伟乘由长征二号F火箭运载的神舟五号飞船首次进入太空。他和技术专家的创举使得中国成为第三个掌握载人航天技术的国家。2003年10月15日，晋升上校军衔。2003年11月7日，杨利伟从时任中央军委主席的江泽民手中接受了"航天英雄"称号，在人民大会堂获得了奖章和证书。2004年，晋升大校军衔。

　　2004年12月9日，杨利伟获香港中文大学颁发的荣誉理学博士学位。小行星21064是以"杨利伟"来命名的。2005年，杨利伟出任中国航天员科研训练中心的副主任。2007年10月，在中共十七大上当选为中央候补委员。2008年7月22日，晋升少将军衔。

1965-
[YANGLIWEI]

◄ 杨利伟

目 录 MULU

飞天梦圆

举世瞩目的出征

★ ★ ★ ★ ★

历史将永远记住这一天：公元 2003 年 10 月 15 日 5 时 28 分。

地点：甘肃省酒泉卫星发射中心航天员公寓问天阁广场。

东方的地平线上露出熹微的曙光，曙光如水，静静地在长空中流淌着。天际的远处闪亮着几颗星星，像是夜空睁着惊奇的眼睛，在注视着这个广场上发生的事情。晨风伸出凉爽的手，轻拂着一个个人们匆忙的脚步和身影。这个时刻，大多数的中国人还都在香甜的梦中，就是这个时刻，一个中国人盼了多少年的梦就要变成现实了。

深秋的大漠，虽然寒意袭人。但是在这个时刻，问天阁前的广场上，已经站满了送行的人们。曾经和航天员朝夕相处的教练、专家们来了，举着鲜艳花束的少先队员、捧着乐器的军乐队员来了，穿着鲜艳民族服装的少女来了。大家怀着无比激动的心情和一个共同的期待，为英雄送行。

10月14日下午,党的十六届三中全会刚刚闭幕,踏着夕阳洒下的一片金辉,中共中央总书记、国家主席胡锦涛和黄菊、吴官正、曹刚川、王刚等一同赶赴酒泉卫星发射中心,并连夜听取了关于飞船发射准备工作的情况汇报。

就在这个早晨,胡锦涛同志率中央领导一行,亲自为我们的航天员送行来了。

这一天,中国人已渴望了很久。这一刻,中华民族已等待了千年。

瞧,一个身着乳白色航天服的人,他迈着从容而稳健的步伐,向中国载人航天工程总指挥李继耐走去。

"总指挥同志,我奉命执行中国首次载人航天飞行任务,准备完毕,待命出征,请指示。中国人民解放军航天员大队航天员杨利伟。"

杨利伟——

杨利伟!

大地上高高的山脉

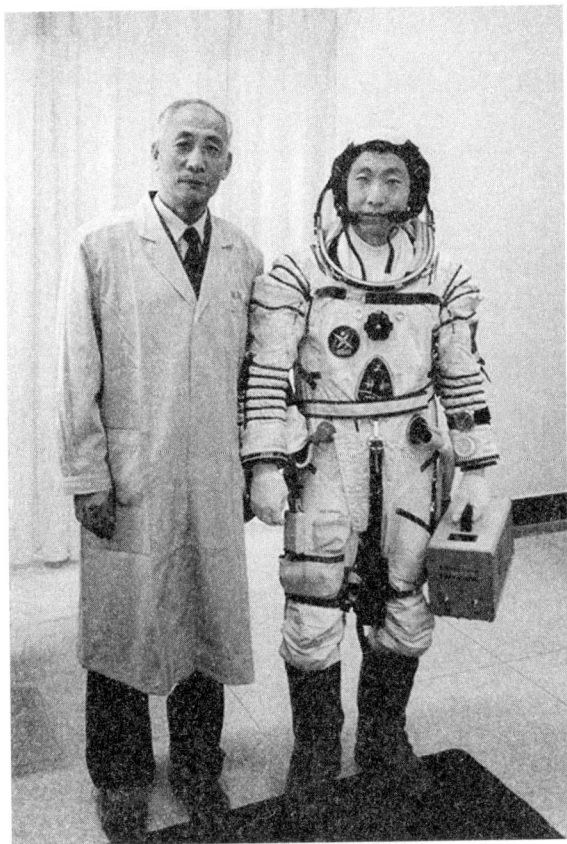
△ 邸乃庸送杨利伟出征

听见了，夜空中的星星听见了。电视台的摄影机镜头用直播的方式把这个名字迅速在全世界传遍。杨利伟呀，你的名字，世界都在倾听。

"出发！"

随着总指挥庄重下达的命令，杨利伟大声答："是！"一个标准的军礼，定格在共和国的航天史册上。

杨利伟按照规定的程序稳步走入了航天飞船的座舱里。

离出发还有一段时间，他开始认真地按照规定的要求，做着各种准备工作。

起飞的时间一点点在缩短，几乎所有发射场上的工作人员的心都开始紧张起来了。

而杨利伟此时却显得格外的沉着和冷静。

他的心跳就是每分钟 70 次左右。而苏联的宇航员第一次上天时的心跳竟达到每分钟 140 次以上。他的心理素质就是这样超人似的好，他的准备工作有条不紊，不像去到太空执行重大的任务，而是乘着车子与心爱的姑娘去赴一个美好的约会。

他的耳边甚至响起了一首他平时很喜欢的歌：

跟我走吧

天亮就出发

梦已经醒来

心不再害怕

请记住神舟五号飞船的一些数据：飞船总长 9.2 米，总重 7790 公斤。飞船的返回舱直径 2.5 米，约 6 立方米。飞船装有 52 台发动机，能精确调整飞船飞行姿态和运行轨道。

→ 我现在感觉很好

★★★★★

8时59分,0号指挥员下达了"1分钟准备"的口令。火箭即将点火。指挥大厅里充满紧张气氛,许多观看飞船发射的人,紧张得连大气都不敢出。一切在瞬间仿佛凝固了。

倒计时的指令从指挥员的口里发出,那洪亮的声音响彻环宇。

"5、4、3、2、1……点火!"随着一阵地动山摇般的轰鸣,"长征"二号F型运载火箭托举着"神舟"五号载人飞船直刺苍穹,把一团橘红色的烈焰留在了秋日的大漠长空。

9时10分左右,飞船进入预定轨道。

从这一刻起,杨利伟成了浩瀚太空迎来的第一位中国访客。

飞船起飞了。飞向了太空。从飞船的舷窗往外望去,杨利伟看到了深邃而美丽的太空。他激动地告诉大家:"我看到美丽的太空了。"太空是那样辽阔而深邃,他的飞船沿着既定的轨道飞一样地在太空中飞着。这里没有鸟儿,也没有空气，他前方的路上没有红绿灯。他像一个自由的精灵绕着地球飞着。飞到地球朝着太阳的那一面，是白天；飞到地球的另一面，就是黑天了。白天黑夜在杨利伟的眼前交替变换着，一个多小时的时间就变换了一次。

杨利伟从窗子向外望去，他开始仔细地观看这个地球。那是一个蓝色的星球，蓝色是水的颜色，准确地讲这个球应该叫水球的。那就是地球呀，是人类居住的地方。杨利伟睁大了眼睛，他能看见海洋和陆地，那海洋是蓝色的，像柔软的锦缎。而陆地呈灰黄色，那里有山脉和丘陵，像一幅水墨画，杨利伟是幸运的，他是第一位从这个角度来观看地球的中国人。杨利伟这时试图在地球上辨认出几个大州的轮廓，他向窗子外边看着。

能看到长城吗？他努力地寻找着。这之前杨利伟曾在多家媒体上看到这样的报道，说在太空中唯一能看见地球上人为的建筑物就是长城了，那时候他有些怀疑。现在他来到了太空，他怎么看也没有看见。他想到，回到地球上他会告诉人们的，在太空中不会看到长城的，"看到长城"那只是一种浪漫的希望和想象。

在太空中飞行，他有一种失重的感觉，身子很飘，像是没有了重量。

杨利伟吃了一点东西。他对地面的指挥部说，"我现在的感觉很好"，他把目光从窗外收了回来，悠然地读起了《航天员飞船正常飞行程序手册》。

就在杨利伟乘坐的飞船冲向云霄后的 9 时 42 分，中国载人航天工程总指挥李继耐宣布："神舟"五号载人飞船发射成功。

杨利伟不知道，就在他按照规定的程序顺利进入轨道，在太空中遨游的时候，地面上的指挥控制大厅内早已是一片沸腾。这是中国进行的首次载人航天飞行，也是长征系列火箭的第 71 次发射。

预定 21 个小时的这次太空之旅，意味着被誉为火箭故乡的中国已成为世界第三个能够独立开展载人航天活动的国家。

→ 向世界各国人民问候

★★★★★

飞船在飞行。

杨利伟把目光又一次投向窗外。舷窗外，阳光把飞船太阳帆板照得格外明亮。那下边就是人类美丽的家园。他太喜欢从这个角度来欣赏自己居住的地球，看一眼都会有一种诗意的感觉和收获。蔚蓝色的地球披着淡淡的云层，像一个少女披着美丽的白纱，长长的海岸线在大陆和海洋间清晰可辨，像一条亮亮的项链。

飞船绕着地球飞行一圈的时间是 90 分钟，你可以想象一下，90 分钟，也就是一个半小时，我们在上不到两节课的时候，杨利伟就驾着他的飞船绕着地球转一圈了。在黑天白天交替的时刻，杨利伟能看见地球的边缘像是被谁镶上了一道漂亮的金边。那个景色太美丽了，杨利伟拿起了摄像机，轻轻地按动按钮，把这个景色拍摄下来。一种强烈的自豪感油然而生，杨利伟在自己的《航天员飞船正常飞行程序手册》的背面写下了这样一行字："为了人类的和平与进步，中国人来到太空啦！"

飞船飞到第七圈时，杨利伟按照事先设定的程序，在太空中展开了两面小旗。这是他从地面上带到空中的旗帜。他知道，此刻，世界各国许多电视台都在用直播的方式来报道中国人梦圆太空的伟大事件，他在太空中要向全世界展现中国人的胸襟和理想。

全世界都看到了，杨利伟打开的两面旗帜，一面是印有五颗红星的中国国旗，另一面是联合国的旗帜。

与此同时，一个浑厚的男中音，从太空传到了地球上，所有的电视观众都听到了一个中国人从遥远的太空发出的亲切的问候——

"向世界各国人民问好，向在太空中工作的同行们问好，向祖国人民、港澳同胞、台湾同胞、海外侨胞问好，感谢全国人民的关怀。"

→ 最后关头得担重任

★★★★★

　　杨利伟的飞船在太空遨游着。

　　我国首飞航天员的最终人选的排序在2003年10月13日晚才初步确定。杨利伟以及来自湖北的聂海胜、来自黑龙江的翟志刚分列前三位。其实在这之前，中国的候选航天员已经多次进入模拟的太空舱进行演练，而最后时刻演练的比较多的，主要是救生环节。

　　杨利伟和另外两个战友，究竟谁能成为第一个飞天人，一直到飞船上天的前一天还是一个谜。

　　10月14日晚间，在多次测试基础上，三名候选人进行最后测试，以决出上天人选。据介绍，杨、翟、聂等三位航天员的能力突出、技术过硬，水准不相上下，但最后的选拔是优中选优，比试的科目不再是技术能力等，而是心理素质。相较而言，入选的三名首飞梯队航天员中杨利伟的心理素质测试表现更佳。知情人透露，杨利伟、翟志刚、聂海胜他们三人虽然存在竞争，但他们之间互相协作，关系非常和睦，是一个优秀的集体。

14日深夜，三名候选人进行了最后一次测试，中国载人航天总指挥、总装备部部长李继耐在这关键时刻向全体工作人员发出呼吁："务请清醒、清醒、再清醒，精心、精心、再精心。"正是在这样的精心准备下，对航天员严格的体格检查和心理测试一直不间断。甚至在发射前一小时，有关部门还对杨利伟进行了一次心理测试，以确保登天时保持身体和心理的最佳状态入选升空。15日上午6时15分，进入飞船返回舱的杨利伟坐到了用合成材料特制的座椅上。这时按计划离火箭升空还有2小时45分钟。起飞前，杨利伟在舱内进行各项准备，完成100多个动作，在地面指挥大厅的屏幕上，清晰地显示着杨利伟身体的各项指标。

杨利伟是好样的，他的各项指标都是正常，就在那火箭升天倒计时的时刻，据记载，连美国苏联的宇航员心跳都会迅速加快在100次以上，而此时的杨利伟仍然保持在70次左右。

心态，意志，信念，无一不展现着杨利伟的综合素质是那样的完美。

→ 爸爸，你吃饭了吗

☆☆☆☆☆

杨利伟乘坐的神舟五号在美丽的太空飞翔着。

10 月 15 日的晚上，杨利伟的父亲杨德元、母亲魏桂兰、妻子张玉梅，还有他的儿子杨宁康来到了北京航天指挥控制中心。

指挥控制中心是一个安全保卫程度非常高的地方，一般情况下，没有上级的命令，谁也不会走进这里的。让航天英雄的亲人到这里观看杨利伟在太空的生活，这充分表现了我们国家对航天人浓浓的人文关怀。

晚上 19 点 58 分，当神舟五号飞船运行到第 8 圈时，指挥中心的工作人员接通了家人与杨利伟通话的线路。

无线电波用一只无形的手把远在太空的杨利伟和他的家人联在了一起。

先说话的是杨利伟的妻子，她亲切地喊了一声"利伟！"杨利伟立即答了一声，"是我呀"。他们的声音都有些颤抖，他们太激动了。

妻子关切地问丈夫在太空的感觉怎么样，杨利伟告诉她说，感觉非常好，在太空中看地球景色非常美。通过那宽大的电视荧屏，杨利伟的家人都看见了在太空中飞船里正在工作的利伟。

这时候，杨利伟的儿子杨宁康有点着急了，他多想抢过话筒和爸爸说上几句话呀，小宁康不时地朝着爸爸打着招呼，还悄悄地用手拉扯着妈妈的衣襟，意思是说，让我和爸爸说几句话吧。

大家都看到了小宁康的那副着急的样子，就把机会让给了小宁康。"快点，你快和爸爸说话吧！"

终于轮到了小宁康和爸爸说话了，这可不是平时里和爸爸打电话呀，这是在地球与太空的对话，这是千金也难以买到的机会。小宁康你会说些什么呢？

小宁康眨了眨眼睛，激动地咂了咂嘴巴，他说出了一串谁也没有想到的话。

"爸爸，你吃饭了吗？"

小宁康在电视屏幕里看见了爸爸的笑脸，"吃过了！"

小宁康接着问，"你吃的是什么呀？"

杨利伟答着，"我吃的是航天食品。"

"好吃吗？"

"好吃！"

他们谈的是那样的亲切，仿佛不是隔着千万里的空间距离，而是坐在一间房子里促膝谈心一样。杨利伟和家人约好了，明天我们再见。

睡了一个太空觉

★★★★★

杨利伟的飞船还在太空中飞着。

这时候,他觉得自己的眼皮有些发沉,他又认真地检查了一下他应该完成的各种规定科目后,就闭上了双眼,走进了甜甜的梦乡。这一个甜甜的太空觉,睡得真香呀!

当然,航天员睡觉的时间早在地面时就已经安排好的。飞船上还安装了类似吸尘器的残渣收集器。对航天员便溺物的处理,飞船上采用专门的收集处理装置来进行有效的处理。

杨利伟睡觉是任务,没有我们在家中的床上那样舒服。

飞船上没有床,也没有被子,没有枕头,只有一个睡袋,航天员可以将睡袋挂在舱壁上,钻进睡袋,一拉拉链就可以睡觉了。睡觉一般不安排在不需要航天员向地面飞控中心报告和配合工作的时段,一次安排三四个小时。在这次飞行中,安排杨利伟两次睡觉的时间。

杨利伟在太空睡着了，他睡得很香，也许他梦见了月宫中正在喂那只可爱玉兔的嫦娥，也许他梦见了手拿斧子去伐桂树的吴刚。

　　杨利伟从梦中醒来后，他又觉得肚子有些饿了。

　　他又开始享受太空美食。他的太空美食有着浓郁的中国特色，没有一份西餐。

　　鱼香肉丝、宫保鸡丁、八宝粥，用特制的设施送到了杨利伟的口中，他吃了一口觉得很香，像在家中一样。他不孤独，他感觉虽然只是自己一个人飞行在太空中，但有亿万人把关爱把力量给了他，那是他信心和勇气的源泉。

　　吃了饭，他又喝了一杯中国的滋补药茶。

　　补充营养后，他又开始按照地面指挥的指令开始工作了。

　　他完成了关键的变轨过程，让飞船飞行在距地球 343 公里的圆形轨道上。

　　请记住这个数据：飞船在太空中大约每 90 分钟绕地球一圈，其中间要经受 180 摄氏度的温差考验。飞船共绕行地球 14 圈，进行约 60 万公里的旅行。

➡ 五百人的签名信

★ ★ ★ ★ ★

　　杨利伟的飞船继续在太空中飞着。

　　一个人在太空，他并不觉得孤独。首长的关怀，战友的目光，祖国的嘱托，人民的期望，还有亲人那祈盼的眼睛，这一切都时时地伴随着杨利伟。

　　他还带来了一个非常重要的礼物，那是一封由五百多位航天科研人员共同签名的致中国首位航天员的信。这封信杨利伟带在了自己的身边，伴随着他和神舟五号载人飞船一起遨游太空。

　　这个信息是中国航天科技集团公司副总经理、"神舟"、"神箭"试验大队队长许达哲在神舟五号飞上太空的那个时刻向新闻媒体透露的。

　　许副总经理说，中国航天科技集团公司作为中国载人航天工程飞船与运载火箭两个系统的承担单位，为本次载人飞行任务专门组织了一支阵容庞大的试验大队，前来酒泉卫星发射中心参与发射工作的队员共有五百二十二名。

这五百多位航天科研人员为了表达他们对载人航天事业的一腔热诚，共同签名致信中国首位航天员，并将这封签名信放入飞船夹在航天员手册内，供航天员在太空中阅读。许达哲称，这些航天科研人员共同签名致信中国第一位航天员，旨在表达"五百颗心愿与航天员同行，一起遨游太空"这样一个美好的心愿。

参与"神舟"五号载人飞船发射任务的这五百多位试验队员，都是飞船和运载火箭研制的科技骨干，他们为本次载人飞行提出了"三个确保"的目标：既确保火箭顺利入轨，确保飞船正常运行，确保航天员安全返回。

这时，杨利伟在太空中翻开手册，打开了这封凝聚着五百人，不，是凝聚着全国人民的信：

《致航天员的一封信》全文如下：

亲爱的航天员同志：

在这金秋时节，当您携带着祖国和人民的重托，登上由我们中国设计和制造的神舟飞船出征太空之际，请接受我们……中国航天科技集团公司执行首次载人航天飞行任务的 500 余名队员，并代表 10 万航天员工，向您致以最崇高的敬意和最诚挚的问候！

古往今来，遥望太空，炎黄子孙做了多少飞天梦。我们的祖先凭着丰富的想象力，编织了一个又一个美丽的神话故事。敦煌莫高窟，汇集着千年的飞天梦想；嫦娥奔月的美丽传说，唤起了先辈探索宇宙的豪迈热情；"万户"飞天的勇敢尝试，揭开了人类征服太空的序幕。

人类探索宇宙、飞向太空的脚步从来就没有停止过。直到上世纪 60 年代初，人类第一个航天员加加林终于挣脱了地球的引力，首次遨游太空。中国作为"飞天"的故乡，一直致力于发展载人航天，因为这是一个国家综合国力的象征，也是一个国家高科技实力的体现。党中央英明决策，载人航天应运而出。我们研制了"神舟"和"神箭"，您光荣地成为中国第一位遨游太空的航天员。

从承担载人航天工程第一天起，我们就把神圣使命牢牢铭刻在心中，深知自己肩上的担子有多重。十余年来，在设计室，在车间，在发射场，我们度过了许多难忘的日日夜夜，做了无数次地面试验，就是为了火箭和飞船的万无一失。

亲爱的航天员同志，我们虽然岗位不同，职责不同，但我们所肩负的责任和使命相同，为实现中华民族伟大复兴的目标相同，为共同圆一个古老的飞天梦想相同。

请您相信，500颗心与您心心相连，500颗心将伴随您一同遨游太空；请您放心，我们一定以实际行动实践庄严的承诺：确保"神箭"准确入轨，确保神舟正常运行，确保您安全返回。

我们为您祝福。当您安全返回祖国母亲怀抱的时候，祖国人民一定会用最隆重的礼节欢迎您——载誉归来的民族英雄！

中国航天科技集团公司

首次载人航天飞行任务大队全体队员

杨利伟在太空中阅读了这封信。这不仅仅是一封信，这封信被破例装进航天员随身携带的飞行文件夹里，让杨利伟感到那里有温暖的心和燃烧的情，那心像和煦的阳光在呵护着他；在天路飞舟的征程上，有许许多多双眼睛像闪动的星光在为他指引航向；在紧张的归途中，有许许多多双有力的手在稳稳地保驾他平安回家。

→ 飞天人凯旋

★★★★★

乘坐"神舟"五号飞船在太空遨游21个小时的中国航天员杨利伟，披着绕地球14周的征尘，准备从天外归来。

凌晨的内蒙古自治区四子王旗阿木古郎草原主着陆场，寒气袭人。然而，早已在此待命多时的搜救队员和新闻记者们个个精神抖擞，他们兴奋得彻夜未眠，不到凌晨1时就出发赶往预定地点，来见证这个历史性的时刻。主着陆场地势平坦，视野开阔，尚未枯黄的牧草随风摇曳，悄悄地铺向四周。远处，依稀可见微微隆起的小山岭，就像大地母亲张开双臂，准备拥抱天外归来的游子。

"飞船调姿"、"轨道舱分离"、"制动开始"、"推进舱分离"、"再入大气层"。6时0分开始，遍布在各地的测控站、测控船发出的一条条调度口令在着陆场搜救指挥车里清晰响起。车内显示屏上的数据表明，飞船已顺利完成返回动作，开始进入我国境内。

6 时 7 分，距离地面已不到 100 公里的返回舱开始处于无动力飞行状态，高速进入 40 公里的黑障区，飞船表面与大气层剧烈摩擦，产生等离子层，形成电磁屏，致使地面与飞船通信暂时中断。留给捕获目标的距离越来越短，时间越来越少。着陆场暂时变得异常寂静。

"回收一号发现目标！"作为着陆区第一个捕获目标的前置雷达站，他们在飞船刚出黑障区时准确捕捉到了目标，激动的报告声打破了短暂的沉默。

"回收二号发现目标！"根据回收一号提供的引导数据，测量站的雷达天线稳稳地跟上了目标。当飞船距地面 30 多公里时，测量站操作员果断地向飞船发出"回收主电源接通"的重要指令，这又是一个关键的时刻，"神舟"五号返回舱的回收主电源能否在此时打开，直接关系到飞船能否顺利着陆、回收。人们又一次屏住了呼吸。

"主电源接通，回收着陆程序启动。"

时间一分一秒地向"零时"逼近，飞船与地面的距离越来越近。

一场完美的太空接力，终于传向了最后一棒。

"空中搜索开始！"着陆场指挥长夏长法下达了命令。

紧接着，5 架直升机发出嗡嗡的轰鸣，在落区上空形成 5 点布阵，一张立体搜索网迅速展开，在着陆场上空形成了极为壮观的景象。

"一号直升机发现目标！"空中搜索分队传来令人激动的消息。直升机上的测向仪收到了返回舱上信标机传来的信号，此刻，两架还在地面待命的直升机立即升空，加入到空中搜索分队中。

每架直升机都携带了相关的返回舱现场处置工具，只要发现目标，就会立即降落，对航天员实施现场救护。

　　6时12分，天空中迸发一声惊雷，"抛伞舱盖了！"尽管天幕已变成深深的墨蓝色，大家还是不约而同把目光投向空中，急切地搜寻着。此时飞船已完成打开主降落伞、拉出天线等一系列技术动作。

　　据回收现场的航天专家介绍，在距地面10公里高度时，面积达1200平方米的巨大降落伞打开，返回舱开始减速下降。距地面6公里时，飞船返回舱底部直径约2.5米、像锅盖一样的防热大底已被抛掉。这块由复合材料构成的防热层能有效抵抗因大气层剧烈摩擦而产生的2500℃高温，保护返回舱安然无恙。

　　此时搜救指挥车内的"着陆场搜救态势系统"准确地显示出空中分队、地面分队的行进情况以及落区地形、地貌等各种信息。电子地图上，代表5架直升机的5色曲线开始向落点汇聚。"看见了，我们看见飞船了！""在那里，在那里！""神舟回来了！"

　　"我是神舟5号，我已着陆。"指挥车听到了航天员杨利伟沉稳的报告声。

　　"直升机报告，目视返回舱。"直升机缓慢下降，停落在返回舱着陆点附近的开阔地上。搜索救援人员跳下直升机，箭一般冲向返回舱。

　　舱体外表在穿越大气层时因产生高温而变成了深褐色，伸手触摸，余热尚存。

　　历史性的一刻终于到来了！搜救队员迅速架起处置平台，熟练地打开舱门，只见身着白色宇航服的杨利伟从返回舱中神采奕奕探头出来，他把面罩向上一推，微笑着向迎接他回家的人们挥手致意。他说："我为祖国感到骄傲。"

一时间，草原上掌声雷动，许多人激动得流下了热泪。一位蒙古族姑娘为杨利伟献上了哈达。

　　航天员杨利伟顺着滑梯缓缓走向地面，在航天医学专家的协助下，进行重力适应，记者们抓紧时间记录下这一历史性时刻。

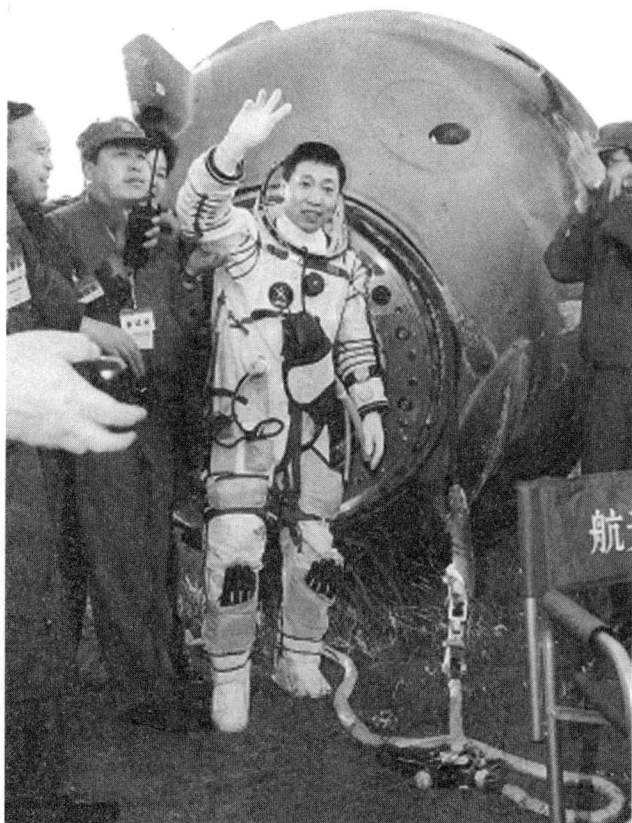

△ 飞天梦圆

→ 白杨千里对话录

★ ★ ★ ★ ★

杨利伟刚回到地面，中央电视台主持人白岩松就通过连线采访的方式和杨利伟通了电话。我们把他们的对话抄录下来，有意思也很有意义。

白岩松：我是白岩松，我特别想对你首先说的是，欢迎你回到地球。

杨利伟：谢谢你，白岩松。

白岩松：杨利伟，在整个飞行的 20 多个小时过程中，哪一段是你感觉最难受的、最具有挑战性的？

杨利伟：应该是刚入轨这个阶段。刚入轨的时候人在失重情况下，怎样去克服失重对身体的影响，应该是这一段。

白岩松：当时的难受程度是什么样的？

杨利伟：当时我有一点儿错觉，自己感觉是头朝下的位置。经过自己一段时间的调整和平时训练的方法来进行克服的，大概经过一个小时多一点，就恢复正常了。

白岩松：有一点可能也是大家非常关心的，就是你现在的身体状况怎么样？

杨利伟：我现在的身体状况恢复得很好。

白岩松：今天下午睡觉的时候睡着了吗？

杨利伟：睡着了。

白岩松：还有一点是很多观众也非常关心的，你在整个飞行的 20 多个小时的过程中，看地球的感受是怎样的？有没有看到大家都在说的长城？

杨利伟：看地球景色非常美丽，但是我没有看到我们的长城。

白岩松：大家也非常关心，你做了一些自选动作，比如说把航天日记展示给大家看，当时你写的主要内容是什么？

杨利伟：因为那是我在第一时间解开束缚去拿程序本，我在上面写的是：为了全人类的和平与进步，中国人来到太空了。

白岩松：就是在返回的过程中，就是马上要回家了，那个时候开始想家的，还是在更早的时候就开始想家了？

杨利伟：应该是在返回的时候。

白岩松：因为现在宿双宁总指挥也在我们的演播室，我得问几个和他也有关的问题。我们在整个的飞行的过程中，吃饭的感觉怎么样？

杨利伟：吃饭的感觉很好，因为我们吃的都是航天食品。

白岩松：有很多的朋友都在关心你，究竟在太空的 20 多个小时里，有没有睡着觉呢？

杨利伟：有。

白岩松：大约睡了多少长时间？

杨利伟：大概睡熟有半个小时吧。

白岩松：你最疲劳的时候是在什么时候，这 20 多个小时里头？

杨利伟：应该是在飞行了十几个小时以后有一点疲劳。

白岩松：你觉得这 20 多个小时是长还是短？

杨利伟：当然是希望再长一些了。

白岩松：对于你来说，在整个今天的飞行过程中，失重和超重都出现过，哪一个更让你觉得难受？

杨利伟：应该说各有各的特点。

白岩松：我听到一个细节，说在起飞前几秒钟你的脉搏依然只有 70 多下，真的在整个过程中一点儿没有紧张的时候吗？

杨利伟：我没有想紧张的问题，因为在整个过程中，一直在想着程序和操作。

白岩松：就是一直在这 20 多个小时的时间里头程序和操作是你特别在意的事情是吧？

杨利伟：对。

白岩松：有没有恐惧感，利伟？

杨利伟：应该说没有恐惧感，一切都是按照程序去做的。

白岩松：今天再回到地球，着陆的感觉是什么样的？

杨：着陆的时候有一个很大的冲击，但是当时心情感觉是非常高兴的，因为又回到了地球。

白岩松：当你走出舱门的时候，脚又一次踩到土地上的时候，这种感觉一定非常特别？

杨利伟：是这样的。

白岩松：是一种什么样的感觉呢？

杨利伟：应该是为我们祖国感到骄傲。

→ 接受人民的授勋

★★★★★

　　杨利伟，这位中国人民解放军航天员大队的首飞航天员，以自己的壮举和英姿，赢得了每一位中国人的尊敬，同时也让全世界为之瞩目。

　　2003年11月7日，在庄严的人民大会堂里，盛开的鲜花装点着一个节日，欢快的乐曲像鸽子一样在大厅里飞着。

　　在这喜气洋洋、春意融融、群灯璀璨，鲜花吐芳的人民大会堂里，杨利伟的心情格外激动，他默默地说着，是祖国给了我荣誉，我感谢党和人民对我的培养。

　　上午9时30分，庆祝我国首次载人航天飞行圆满成功的大会开始了。大会由中共中央政治局常委、全国人大常委会委员长吴邦国主持。中共中央政治局常委、国务院总理温家宝宣读了《中共中央、国务院、中央军委关于授予杨利伟同志"航天英雄"荣誉称号并颁发"航天功勋奖章"的决定》。

中共中央总书记、国家主席胡锦涛在会上发表重要讲话,号召全国人民向航天英雄杨利伟学习。

胡锦涛总书记说:"今天,我们在这里隆重集会,庆祝我国首次载人航天飞行取得圆满成功,号召全国全党人民学习和发扬我国航天工作者为祖国和人民发愤图强、拼搏奉献的崇高精神,与时俱进、开拓进取、万众一心地把中国特色社会主义伟大事业推向前进⋯⋯"

在雄壮的乐曲声中,中央军委主席江泽民为杨利伟颁发"航天功勋奖章和航天英雄荣誉称号"证书。

这是英雄对祖国的忠诚奉献。这是祖国对英雄的最高褒奖。

当祖国和人民给予航天英雄杨利伟以最高荣誉时,杨利伟说出了自己的心里话:"感谢祖国和人民对我的培养,光荣属于祖国,光荣属于人民,光荣属于千万个航天人。我为祖国感到骄傲。我将继续努力工作,时刻准备接受祖国和人民交给我的任何任务!"

这时,全场响起了热烈的掌声,那掌声像鸟儿一样飞出了人民大会堂,飞向了祖国的四面八方,也飞到了杨利伟的故乡辽宁,飞到了辽宁西部葫芦岛市那个叫绥中的小县城里。

→ 永载史册的名字

⭐⭐⭐⭐⭐

神舟五号载人航天飞行的成功，在中华大地掀起了一股太空热。世界各地都在用各种方式向中国的这一成功表示祝贺。

杨利伟的名字一夜之间家喻户晓，他成了中国首位叩访太空的人，他是我们民族的英雄，他是中国飞得最高的人。

辽宁是杨利伟的家乡，家乡的人们更是欢呼雀跃，人们纷纷地走向街头，扭秧歌，唱大戏，载歌载舞，欢庆载人航天飞行的成功。在杨利伟的出生地葫芦岛市所属的绥中县，就如同过年一般地热闹。所到之处，人们都沉浸在欢乐的海洋里。

杨利伟当年读书的绥中第二高中被改成了利伟高中，杨利伟就读的二年三班被命名为利伟班。热情的葫芦岛人正在给杨利伟做一个巨大的塑像。

2003 年 11 月初，杨利伟和他的战友们来到香港、澳门进行访问，港澳地区一片欢腾，街谈巷议的话题是他，传媒追逐的重要新闻是他。这位被特首董建华称为"民族英雄"的航天员，让香港的目光，都聚集在他身上。

自踏上香港的土地，杨利伟即广受欢迎。数百名学生和市民，挥动旗帜，表达香港人的热情。有媒体称，作为一个军人，他没有光芒四射的好莱坞明星风采，但从他自谦为航天的后来者，却另有一种"讷于言敏于行"的敦厚性格，赢得公众好感。而演艺明星汪明荃则称赞他，是个很有家庭观念的人，是个好男人。

杨利伟的到来，引发了另一类"追星族"。刚刚开幕的"中国首次载人航天飞行展"，预计有近十万观众参观。独家赞助这项展览的香港赛马会，将于几天后的"妇女银袋赛马日"，向所有沙田马场入场观众送赠此次航天飞行展的纪念海报，其中100名幸运儿，更可多获一张由杨利伟亲笔签名的海报。而大球场的欢迎会，两万张公开派发的免费门券在半小时派清，甚至出现网上炒卖。香港政府拿出100万元奖励给杨利伟，杨利伟把它转给了中国的载人航天事业。香港政府还决定将杨利伟的香港之行编入中小学课本。

神舟五号，这真是人类航天史上一次不同凡响的发射，它标志着中国从此成为世界上第三个有能力依靠自己的力量将航天员送上太空的国家。为了这个飞天的梦想呀，一个古老的民族已经等待了几百年了，一代又一代航天人已经努力了近半个世纪。

杨利伟，他的名字已经成了一段时间内世界各国所有的媒体出现频率最高的词。作为一个英雄他是当之无愧的，他是我们民族的自豪和骄傲。

在2004年的中央电视台春节联欢晚会上，杨利伟的出现给晚会掀起了一个高潮，杨利伟的名字已经不仅仅代表一个宇航员，而成了一个民族精神的象征。

童年记忆

→ 不敢爬梯子的孩子

★★★★★

1965 年 6 月 21 日，杨利伟出生在辽宁省绥中县绥中镇。

杨利伟的爸爸杨德元、妈妈魏桂兰同在镇里一家中学当教师，后来他的爸爸调到县土产公司工作。杨利伟还有一个姐姐、一个弟弟，都已成家立业。

今天的航天英雄在童年的时候，可不是一个敢想敢干、胆大有为的"强者"，相反小利伟自幼比较文弱、性格内向、缺少胆量。8 岁那年的一天，母亲让他到房后头拿木棚上的地瓜，他试了再试，半天的时间过去了，额头和小鼻尖上都浸出了汗水，却始终不敢登上离地面不到 4 米高的木梯。

妈妈说，我给你扶着，你上吧，没有事的。小利伟把脚踩在梯子上，爬了有 2 米高，回头看了看，最后还是哭笑不得地对妈妈说："我的两条腿总在抖，不听话呀，我还是下去吧。"

面对小利伟的胆怯，在镇学校做教师的

△ 少年杨利伟

父母担心地说："这孩子的性格不改变，怕是长大后不能成事。"

为了改变小利伟的性格，每年寒暑假日，爸爸有意识地带他去爬山、到县城东面的那条六股河去游泳。秋天，带他去大山里爬树采摘果实。9岁这年秋天，在绥中镇北巍巍的燕山山脚下，经父亲鼓励，小利伟平生第一次爬上了一棵30多米高的古老的塔松上，当从大树上下到地面的时候，他浑身都已经被汗水浸透了。

回到家时，小利伟又找来了当年他不敢爬的梯子。妈妈说，还是我来扶你一把吧。可是，没等妈妈到跟前时，小利伟已经刷刷刷地爬到了房顶。

"妈妈，你看，我爬得多高，一伸手都能摸到天了。"小利伟站在房顶上笑着说。

妈妈说，爬就爬上去呗，还说能摸到天了，谁能摸到天呀，天多高呀。这个孩子真是有意思。妈妈那时候绝不会想到，几十年之后，就是这个最初连梯子都不敢爬的孩子成为中国第一个到太空"摸天"的英雄。

→ 遭厄运的半导体

★★★★★

　　有一年春节，节衣缩食的爸爸花了20多块钱买回一台半导体收音机。

　　在那个年代里，还没有电视机、电冰箱，半导体收音机可是一个非常宝贵的"家用电器"了，爸爸妈妈下班回家，就打开收音机，听新闻，听戏曲，还喜欢听侯宝林的相声。

　　小利伟当然对这个收音机也产生了浓厚的兴趣。这个小小铁匣子里装的是什么东西？又能说话又能唱歌的。一天，趁爸爸妈妈不在家，小利伟找来了一个螺丝刀子，把这个小匣子给弄开了，一个个电子零件被他拆得到处都是。小利伟哪能找到里面的什么唱歌的人，他开始把这些零件重新装进去。拆下来容易，再装可就太难了。小利伟急得满头是汗也想不出什么办法把那些带着小铁丝的东西再摆进小匣子里。

　　这时，门外传来了爸爸回家的脚步声。小利伟吓坏了，爸爸一定会狠狠揍自己一顿。可是爸爸不但没有打骂他，反倒又从旧物市场买回一大堆电子废件及废旧半导体零件和相关书籍让他琢磨。使他从中掌握了许多无线电方面的知识，并弄通了半导体为何能说话的道理。后来，小利伟不仅将弄坏的半导体收音机修好了，还为别人家组装了许多台半导体收音机。每当大家叫他"电路通"的时候，美滋滋的小利伟就说："这都是爸爸的功劳。"

→ 客车长还是货车长

★★★★★

　　小利伟小时候有一个好朋友叫陈绥新，在儿时称他陈小胖，两个人在一起无话不说，好得像是一个人。

　　有一天，这两个好朋友差一点儿打了起来。起因其实很小，他们两家那时都在县城的郊区住，从小没有见过火车，见一个大公共汽车就爱跟着车后屁股跑。那天，他们无意中说起了火车的事，小利伟问陈小胖：听说火车是好多节连在一起的，你说火车一节客车车厢长，还是货车的车厢长？

陈小胖想了想说，货车是拉货的，客车是拉人的……要是论长呢，可能还是货车长呗。

不对，是客车长，不是货车长！

就是货车长，不是客车长！

两个孩子争论不休，各说各的理。最后，达成了这样一个协议：咱们到火车站亲眼看一看亲手量一量。

说到真去火车站了，小胖看了看天，却有点害怕了："这么晚了，我怕我爸我妈找不到我该着急了。"

"怕什么！真是胆小鬼，还怕走丢了吗！"

陈小胖只好跟着小利伟朝着火车站的方向走去。他们俩人边走边问路，终于找到了火车站。

两家的大人找不到孩子都快急死了。有人告诉他们，小利伟和陈小胖到火车站去了。到火车站干什么呀？是要离家出走吗？他们那么小能上哪儿去呢？

两家的家长不由分说就朝火车站赶去。到那儿一看，两个小家伙还在那儿数火车呢。

当了一次"小偷"

☆☆☆☆☆

小利伟的父亲在土产公司工作，土产公司有一个收购废品的仓库，里面装的都是收购上来的"破烂儿"。

一次，小利伟到爸爸的单位去玩儿，发现了那个仓库里的"破烂儿"里有一堆收上来的破旧书籍，其中里面竟有破破烂烂的小人书。哎，这可是好东西呀！小利伟挑起一本就津津有味地读了起来。

在文革那个年代，人们的精神食粮非常匮乏，小人书是孩子们最喜欢的东西了。小利伟读小人书的那个样子，用如饥似渴来形容真是再准确不过了。

小利伟的父亲看见儿子在看书，便说："在这儿看看可以，可是你不能拿走呀，这收上来的书都是公家的了，公家的东西咱可不能往外拿呀。"

小利伟说："行，行，我在这儿看就是了。"小利伟嘴上说话的时候眼睛还盯在小人书上。

到了父亲下班的时间了。小利伟手里拿着一本《甲午风云》正看在兴头上。他不能一个人待在这儿看书，可是跟爸爸走，这本《甲午风云》还没看完。小利伟想了想，我就当一把小偷吧，他悄悄地把那本小人书塞到了自己的衣襟里，若无其事地跟着爸爸走出了那个废品仓库。

第二天，小利伟把那本《甲午风云》带到了小学校里。他像掏出一件宝贝似的把它拿给大家看。

小利伟说："这本书是我从我爸的仓库里'偷'来的，大伙儿轮流着看，看完了，我还得还回去呢，我爸说，这是公家的书呢。"

同学们这个开始抢着看书，那个夸小利伟，《甲午风云》里的邓世昌是英雄，小利伟以后也会当英雄的。

→ 我来帮你挖树坑

★★★★★

上小学的时候，小利伟和一个叫小丽的女生坐一张桌。

和所有的男生一样，老师在台上讲课的时候，小利伟也时常搞一些小动作。小学校里的桌子都不大，小利伟的胳膊动不动就挤到了小丽的地盘上。

那天小丽生气了。小丽拿着尺子在他们的桌子上比划着，然后在中间的位置划了一条线。

告诉你呀，这就是"三八线"，咱们两人各有各的地盘，你要是胆敢侵略，我就要自卫反击了。小丽说话的口气挺严肃的，有点像警告的意思。小利伟满不在乎地说，行，不就是多了一条"国境线"嘛，谁愿意上你的地盘去呀，谁过界谁就该挨打！

可是说归说，一上课的时候，小利伟的胳膊动不动就越过了"三八线"，跑到人家的地方去了。小丽也不客气，拿起文具盒打击"侵略者"。小利伟刚想发火，可是一看自己的胳膊，也就无话可说了。

小丽的文具盒像门炮，不时地朝着小利伟发起"进攻"。

那天，双方边界的战斗刚刚结束，学校便组织全校的学生到城外的羊奶山去植树。

小利伟是男生，分到了 10 个树坑。小利伟有力气，一鼓作气，刷刷刷地一会儿功夫，便把任务全部完成了。这植树的山上到处都是风景，有小动物，有各种各样的小花小草。完成任务的小利伟要和别的同学一起在山上好好玩一玩。

可是，正在这时候，小利伟一转身看见了"同桌的你"。两人双目一对，小丽立即低下头来。

那个小丽的任务是 5 个树坑，可是她累得一脑袋汗，连一个坑还没挖完呢。要把另外的 4 个坑挖完，还不得等到太阳落山呀。

可是小丽怎么好意思求小利伟呢。她想起了每天在课堂上，她都用文具盒守在"三八线"上，不知打击了多少回小利伟呀。

这时，小丽听到了一句很小的声音，你歇一会儿吧，我来帮你挖树坑。

小丽愣了，是对我说吗？

没有人回答，只有小利伟的铁锹铲着泥土的声音。

小丽受感动了，她把随身带来的水壶递了过去。

第二天上学后，小利伟发现，他的桌子上的那条"三八线"不见了。是谁呢？我不用说，你们都会知道的。

→ 能刹车的"大解放"

★★★★★

杨利伟有个比他小六岁的弟弟，虽然杨利伟也是个孩子，但在弟弟面前，却总是摆出一副大人的样子。

还没有上学的弟弟看见别人玩汽车玩具，就想跟爸爸妈妈要钱买。小利伟知道了，对弟弟说，你不就是要一个汽车嘛，我给你做一个不就完了吗。

哥哥，你会做汽车？弟弟问。

小利伟脖子一扬，那是当然。

那你就快点儿给我做一辆汽车吧，就做那个，弟弟想了想说，就做那个大解放牌的。解放牌的汽车当年非常有名。

做汽车哪有那么简单，可是小利伟的大话已经说出来了。说出来的事就得办哪。

小利伟开始又找木头又找锯，钳子铁钉弄了一桌子。

按照杨利伟的设计，他做的这个汽车得有半米来高，至少要有四个轱辘，当然这轱辘只能是用木头来做了。对十几岁的孩子来说，做这么一个木头的"解放车"，其工程的难度不亚于"三峡工程"。

小利伟的想法挺好，他还设计了一个汽车的刹车系统。但是在工程进展中，屡屡遭受挫折，本来量好尺寸的木板，可一钉钉子，怎么竟短了一块。小利伟干了两个星期了，还是没有成功。弟弟有点失去耐心了。说咱做不了，就朝爸爸要钱买吧。

小利伟这时倒不是因为给爸爸节省钱，他认准要做的事情，就一定要把它做好。他找来了一些玩具车反复地研究，又认真地找出了自己失败的原因。

又经过了一个多星期，小利伟的这辆木头汽车终于成型了。车子虽然还是很粗糙的，但这毕竟出自一个孩子之手。

小利伟带着弟弟把这辆自己设计和制作的"大汽车"带到了小伙伴们中间。所有的小伙伴都被"镇"住了。孩子们崇拜他的程度不亚于后来他成为航天英雄。

→ 原来是个烽火台

　　杨利伟的家乡绥中县是一个山区，山峦起伏，逶迤连绵。在很小的时候，小利伟就看见在远远的山上有一个小顶。那里究竟是什么呢？在小利伟的心里，这一直是一个谜。

　　小利伟也曾多次问过自己的同学，你们知道那个山上的小顶是什么东西吗？

　　回答当然是五花八门的，有的说是小庙，有的说是山峰，也有的说那是一个塔。这些回答都没有让小利伟满意。

　　那年过春节的时候，小利伟忽然突发奇想，要到那个山上去看一看。他的这个想法跟同学一说，就有人嘲笑他，说，你以为是到火车站看火车呢。大人们有一句话叫，望山跑死马。你看着那个山不远，要是走起来，还不得一天半天的。

　　再远我们也要去看一看。经过小利伟的动员，去考察那个"小顶"的队伍终于集合了，除了小利伟外，还有两个同学愿意加盟。其中一个同学是杨利伟的少年好友陈小胖。"咱们说走就走，看谁是胆小鬼！"几个同学悄悄商量好了。

于是就在正月初五那个早晨，这个由三人组成的"长征"小组顶着凛冽的寒风出发了。一路上，他们到处都能听到过节的鞭炮声，看到和他们同龄的孩子在满街筒子地跑着玩着。唯有小利伟等三个孩子，像虔诚的朝圣者，带着使命般地上路了。

五里、十里，一口气他们走了四五十里路。这么远的路，别说是孩子，就是大人也吃不消的。其中一个孩子走不动了，要拨马回朝。小利伟就开始做他的思想工作，已经都到山根底下了，咱不能前功尽弃呀。

三个小伙伴手拉着手，终于爬到了那个山顶。

他们看到了，眼前的这个小顶，不是小庙也不是塔，而是古代的一个烽火台，是古代战场上的一个标志。

回家的路更难走了，他们都很疲惫，脚上像是灌了铅一样。

但是他们是有收获的，他们不仅解开个缠绕在心底的谜，知道了那个小顶原来是个烽火台。对小利伟来说，更大的收获是对意志和胆量的磨炼。

冰河救起小伙伴

从山顶上的烽火台走下来时，利伟他们三个小伙伴在回家的路上慢慢地走着。

是呀，一天的时间，来回近百里的路程，对利伟这几个孩子来说，真是一个难度不小的考验。出发时带的那点干粮早就吃光了，沿途还没有商店。几个人在路上，开始轮流地讲着故事，你说一个，我再来一个，大家互相鼓励着朝前走着。

出发的时候太阳还在东面，回来的路上，太阳已经悄悄地落山，夜幕慢慢地笼罩着正月里的辽西大地。

陈小胖有点实在走不动了，对小利伟说："这路怎么越走越远，要是能有双翅膀飞回去可太好了！"另一个同学接着说："别说长翅膀的那些不着边的事，咱们要是谁能开上飞机，一眨眼的时候，早就到家了。"

"开飞机？这倒是一个好主意！"小利伟若有所思地说着。

这时，陈小胖指着前面的一条河说："哎，你们看，我知道一条近路，从这条河上穿过去，咱们就不绕远了！"

　　那条河能走吗？

　　河面在夜幕下闪着光，像是一条白色的带子。

　　怎么不能走！陈小胖率先改变了方向，扭身朝着那河的方向走去。

　　利伟和另外的一个伙伴只好紧随着他朝着河边走去。这时候，天已经很黑了，陈小胖在前面深一脚浅一脚地走着，突然，陈小胖大叫了一声："妈呀！不好！"原来他一脚踩空，不知怎么掉进了冰河里了。

　　利伟和另外一个同学吓坏了，这样冷的天，要是淹在冰水里，还不把陈小胖冻个好歹。他们俩慌忙上前，也都踩进了冰河里，你拉胳膊，我扯衣裳，终于把陈小胖拖上了岸。

　　上了岸的时候，几个小伙伴互相看着对方的狼狈相，竟哈哈大笑起来。

　　等他们走到家的时候，几个小家伙的鞋和裤腿都冻成了硬硬的冰坨子。

　　杨利伟坚韧刚强、勇于挑战的性格就是这样一点点地练成的。

→ 看《林则徐》气得手发抖

★★★★★

　　小利伟从小就有爱国情结，他最佩服的是英雄，是黄继光、邱少云、董存瑞那样为国捐躯的人物。

　　绥中县电业局的陈绥新是杨利伟的好朋友，在两个人小的时候，有一件事情让他很难忘记。

　　陈绥新和许多朋友都经常提起杨利伟的那段故事。

　　陈绥新回忆说，那个时候，我们好像刚刚上小学，当时看电影的机会比较少，每次看电影，我们都一起去一起回来。我印象最深的是有一次我们去看电影《林则徐》，看完回家的时候天已经很黑了，我们两个人都有些害怕，两个人就手拉着手往家里走，在刚走出来的时候，我明显感觉到杨利伟的手在发抖，显然，他很激动。

　　你说，清政府为什么那么腐败？你说，林则徐这样的民族英雄为什么到处受到排挤？你说，那个英国的侵略者怎么那么嚣张?! 小利伟像是问，又像是自言自语。这些问题怎么能够一句话两句话就能说清楚呢。陈绥新也不吱声，他知道利伟还在想《林则徐》电影里的故事，他说的这些话是在表达一种激动的感情，其实现在是用不着回答的。

陈绥新接着说，我们在沉默着走了一段时间后，我很想谈点别的什么，想转移一下他的情绪，可是杨利伟还沉浸在刚才的电影里。他很突然地问我："你将来长大了想干什么?"这个问题问得我一点精神准备都没有，于是我就反问他："杨利伟，那你说你将来想干什么呢?"他当时十分严肃地对我讲，他要参军让国家更加强大起来。

陈绥新讲到这里，情绪有些激动："虽然我当时还很小，觉得他说这种话有些好玩，但是不知道为什么，当时的那个情景好像印在我的头脑里一样，怎么也忘不掉。"

就在神舟五号上天的几天前，这两个老同学刚刚通过电话，杨利伟是 10 月 15 日接受任务,登上神舟五号飞船的。在 11 号晚上，陈绥新曾给他打了个电话，杨利伟接电话后说自己最近要出差，不要与他联系了。聪明的陈绥新猜想他可能有任务，当然没有想到是成为第一位登太空的宇航员。他说道，我知道他有任务，肯定是部队的秘密，就没有多问，多少年来我们相处都是这样，他是一个军人，军人就要服从纪律。于是，我就用尽量平常的语言表达了我对他的祝福和鼓励。他当时在电话里的口气平静得让我吃惊，也许这就是航天员特有的心理素质吧……

→ 摸了一下大飞机

在离绥中县城不很远的地方，有一个部队的飞机场。小利伟经常看见一架一架的飞机，像小鸟儿一样，从那个"鸟窝"里飞出来，在天空上一圈圈地飞着。

小利伟常常仰着头看，有时那飞机在天空"拉线儿"。那线儿拉得很长很长，像一幅美丽的图画。

小利伟做梦都想到那个飞机场去亲眼看一下真正的飞机。

他把这个想法与自己的好朋友陈绥新说了。绥新说，你要是敢去，我就陪着你。

他们两人说走就走，开动双脚，走了二十多里路，找到了驻军海军航空兵的机场。小利伟太兴奋了，他终于可以近距离地观察到飞机了。可是当他要进一步向飞机迈步时，一个威严的哨兵，却把他们两人拦住了："小孩子，快离开这儿，这不是你们玩的地方！"口气是命令式的，不容商量。

正门肯定是进不去了，小利伟向陈绥新一使眼色，走，到别处转转去。

飞机场很大很大，四周都围着高高的铁丝网。两个人走出哨兵的视线，开始学着电影里侦察兵的样子，用一根木棍撬开铁丝网，两个孩子像小猫儿一样悄悄地钻进了飞机场里。

他们匍匐前进着，像两只无人察觉的小蚂蚁一点点地接近了目标，过了一会儿，他们两人竟钻到了飞机的肚子底下。

这时小利伟站了起来，用手情不自禁地摸了一下大飞机。这是他平生第一次摸飞机，那凉爽的金属的感觉，让小利伟兴奋不已。

他们还想进一步接近飞机，舱门在什么地方？他们要钻进去，看看飞机里面有什么。一种强烈的好奇心驱使他们不停地在飞机的两翼寻找着。

他们的行动，早就被哨兵发现了，一声喝令，两人吓得一哆嗦。还是没有商量的余地，他们被"押"出了飞机场。

然而，小利伟的高兴劲儿是难以言表的。他毕竟亲手摸到飞机了。

后来，他们班里转来一个爸爸在机场任军官的姓顾的孩子，利伟和他很快成了最要好的朋友。这下他们可成了顾家和机场的常客了。他知道了只有把单杠、双杠、长跑、鹞子翻身、直体倒立等等都练得棒棒的，才能够穿威武的空军军装。

→ 转一百圈也不迷糊

☆☆☆☆☆

在小学的时候，小利伟和同学们做游戏，小利伟是一个要强的人，藏猫猫、下河捉鱼、上山采蘑菇他都有极大的兴趣。

玩儿，可以说是孩子的天性。可是小利伟在玩中却常常无意识在锻炼了自己。

一次，小利伟和伙伴们在一起聊天。话题不知怎么竟转到了飞行员。因为这之前，小利伟曾和伙伴们不止一次地去过那个军用飞机场，对飞机有着浓厚兴趣的小利伟说到飞行员，当然有许多话要说。

这时有一个同学不经意地说了这样一句话："要想当飞行员呀，得不怕迷糊，你们看，飞机在天上转圈，有时还头朝下地飞着，甚至打着滚在天上飞，要是转上一两圈就迷糊了，那飞机还不得掉下来。"

这时，小利伟把话接了过来："不就是转圈嘛，我就不怕迷糊。"

那个小朋友没等小利伟把话说完，就打断

了他的话:"你吹牛吧,你转上两圈也得迷糊,你以为你是飞行员哪。"

小利伟当然不示弱,他说:"我就不迷糊,我怎么转也不迷糊!"

"你这是吹牛!"

"就不是吹牛,我就不迷糊!就不迷糊!"

围观的同学们喜欢热闹,个个都是起哄的高手。他们玩起来从来不怕把事情闹大。你一言我一语地说:"光说干啥呀,你们比试比试,转他几圈,看到底迷糊不迷糊!"

"对,对,比一比呀!"

于是他们玩起了儿时的游戏,这个游戏叫做"迷乐歌",游戏很简单,就是让别人抱上自己,悠上几圈,扔在地上不许动,马上指出眼前的人谁是谁。

游戏开始了,班里的几个膀大腰圆的同学自觉担任"悠人"的人,先是别的几个同学被抱起来,"悠"了不几圈,把他往地上一放,同学可是真找不到北了。只觉天旋地转,看谁都像是一个个晃动的影子。

轮到小利伟挨"悠"了,小利伟面色沉稳,伸出胳膊,让大个子同学搂在怀里,大个子同学问:"利伟,准备好了吗?"

小利伟说:"准备好了,你多悠几圈吧,我不怕!"

大个子同学可能是故意要和利伟搞个恶作剧,他嘴里说:"我这回非得把你悠迷糊了不可,让你弄不清天南地北。"

大个子运足了气,使出了浑身的力气,把小利伟抡了起来,利伟长得个子小,身子骨比别的同学轻不少,大个子一使劲儿,几乎把利伟抡圆了。

一圈、两圈、三圈、四圈、十圈、十一圈……别说小利伟了,连这个大个子同学自己都迷糊了,再也转不动了,这时他才猛地一松手,把小利伟抛在松软的沙堆上。

几个观看这个场面的同学脸儿都差点吓白了，刚才这是抡了多少圈呀，还不得把小利伟的五脏六腑都悠荡散架子呀，这可不好，一会儿小利伟有个三长两短，他的家长来找了，还不得拿我们几个同学开刀。

几个同学正在思忖怎样赶快离开这个现场，躲过这个是非之地时，只见小利伟若无其事地从地上站了起来，他一边轻轻地拍打着身上的灰尘，一边用手点着同学的脸，清晰地说着每个同学的名字，那泰然自若的样子完全不像被人抡了多少圈，而是在课堂上从容地回答老师的提问。

同学们看到小利伟的神态，都被他"镇"住了。

"你真的不怕悠？真的不迷糊？"

小利伟笑了笑说："迷糊？迷糊什么呀！这才是几圈呀！你就是让我转一百圈我也不怕。"

同学们这时才彻底服了，杨利伟他一点儿不怕，迷糊，说不定将来他真的能当飞行员呢。

少年立志

→ 解不完题不吃饭

★★★★★

1978 年，杨利伟读完了小学，参加了升初中的考试。

杨利伟不负众望，他以优异的成绩考上了县城唯一的重点中学——绥中县第一初级中学，按成绩，他又被分进了尖子班——一年一班。这在当时是很受人们羡慕的。

那时候，"文革"结束刚刚两年，恢复高考也刚刚一年多，全国各地重新掀起了学习的热潮。中小学都开始努力抓学习，小利伟感觉自己赶上了好时候，他在父母的帮助下，制订了一个很完整的学习计划。

小利伟是一个从不示弱的孩子，体育他在全校出类拔萃，唱歌他是班里的骨干，图画他表现得也很不错，当然，在文化课的学习上他更不肯让别人拉下，他要做尖子班的尖子生。

说起来容易，做起来就不那么简单了。

一次考试，利伟的一道几何题丢了 12 分，名次一下子就拉了下来。以往小利伟放学回家，不是嘴里哼着歌儿，就是连蹦带跳地和弟弟玩儿。可这次他回到家，一声不吭地进了自己的屋。谁喊他出来他也不吱声。还是姐姐了解自己的弟弟，她悄悄地推开小利伟的房门，热情地询问着弟弟的情况，哦，原来是几何考试有一道题丢分了。"一次丢分不算什么，咱们把它弄懂就是了。"姐姐继续安慰着他，"没关系，还有下一次呢，先吃饭吧，吃完饭再做题。"

利伟说："这次难题没做出来，下次再有难题该怎么办呢？学习知识是不能欠债的，债欠多了，就不想还了。"

这时妈妈也过来对小利伟说："快点吃饭吧，一会儿饭凉了，还得给你热。"

"热就热，我现在什么也不想吃。"小利伟趴在写字台上，拿出尺子和量角器，开始一笔一笔计算着什么。

姐姐走过来又喊弟弟吃饭，可是一见弟弟学习这么坚定，他只是给弟弟倒了一杯开水放在桌子旁，再也没有催弟弟。

墙上的挂钟滴答滴答地响着，时间一分一分地过去了。

利伟拿着笔，在几何图形上画来画去，忽然他猛地一拍桌子，把家里的人都吓了一大跳。"我终于找到了正确的答案啦！我找到答案啦！"利伟像是完成了一件大事，高兴地笑起来。

尽管他吃饭的时候，已经很晚很晚了，可是小利伟觉得，这顿饭吃得真香！

→ 周总理接见了我

★★★★★

那是在小学的一次作文考试中，杨利伟写的一篇作文在学校里引起了挺大的反响呢。

那是一次考试。作文考试的卷子都是装订好的，把学生的名字封在装订线内，判卷的老师也不知道哪篇作文是哪个学生写的。

学校的语文老师们都坐在一个大办公室里，杨利伟的妈妈是学校的老师，也在这儿参加作文的评分工作。

一大堆学生作文的卷子像小山似的堆得挺高。说实话，那时候中小学生的作文水平普遍都不很高，许多学生一听说写作文都头疼，所以，打开作文卷子大都是千篇一律的套话和模式。

这时，一个老师翻开一个学生的作文，他大声地说：哎，你们听，这个学生写的作文题目是"周总理接见了我"。咳咳，真是有意思，谁不知道周总理早在1976年就离开了我们，我们的学生才多大呀，周总理怎么还能接见他呢。

别的老师一听，也觉得这个学生的作文真是太离谱了。就七嘴八舌地说，给大家念两段欣赏欣赏。这里说的"欣赏"，其实是讽刺的意思。

那个老师真的念了几段学生的作文。

作文中写到周总理在百忙之中接见了"我"，总理非常平易近人，主动和我握了手，并关切地问我学习怎么样，并鼓励我一定要学好文化课，打好基础，为祖国的四个现代化做贡献。"我"向周总理表示，一定不辜负总理的希望，一定像总理教导的那样去刻苦学习。这个作文还用了许多修饰词，写得很有感情，特别是写到和周总理分别的场面，仿佛就是在做真实的记录。

那个老师边念着边评论说，你们看，这个学生可真的会编，就像真事一样，作文的语言不错，可是文章怎么能够这么写呢，我看不能给高分，我们不能鼓励学生撒谎呀。

另外有两个老师说，先别评论了，你把这个学生的作文念完了，咱们再给他打分才好。

文章再往下一念，果然让判卷的老师大吃一惊。

作文接下来这样写，我看着周总理一步一步走远了，我就扑向前去，大声地喊着"周总理，我们永远怀念您！"可是我越想往前走，越迈不动脚步，好像有什么拴住了我的脚。我猛地一翻身，咣的一声，撞在了墙上，哦，我原来是做了个梦。

仿佛在听美国著名作家欧·亨利的小说，这篇作文奇特的结尾，给人一种耳目一新的感觉。

做了个梦，梦见了周总理，怎么能说这个学生是瞎编呢？这样的作文应该得高分呀！这可是一篇非常好的有意义的好文章。老师们一齐围了过来，都抢着这篇作文看，仿佛判了许多作文到现在才发现了一个真正的人才。杨利伟的妈妈作为判卷的一个老师，也把手里的卷子放下，挤上前来欣赏这个学生的大作。

杨利伟的妈妈说，哎，我看这篇作文的字怎么这样熟悉呢？你看这字写得龙飞凤舞一般，真是有些眼熟。

一旁的老师说，那可能是你班的学生吧。

不是，我看像我家的那个淘小子利伟的字。

杨利伟？他能写出这么好的文章？几个老师都在摇着头。有个老师说，要不咱们就打个赌，看看这个作文到底是谁写的。

早有性急的人上前悄悄地拆开了装订线，在装订线内露出了班级和学生的名字。

那个名字写得有些歪扭，但是所有的老师都看到了，那个名字是：杨利伟。

→ 为上军校学理科

★ ★ ★ ★ ★

在杨利伟初中毕业的那张全班的毕业照上，没有杨利伟和他的朋友顾大卫同学。照相这一天是 1981 年 6 月 14 日。

原来这两个好朋友约好了那一天，到一个

曾在部队任职的顾大卫的亲属家咨询初中毕业可否报考军校的事。他们两人曾多次密谋过，读完初中，就去考军校。顾大卫的理想是当军报的记者或者是部队作家，杨利伟是只要当上兵就比再读书强。当然，咨询的结果并不理想，那个亲属说，你们还是赶紧好好读书吧，现在想当兵还不够格，部队对入伍的战士要求越来越严了，文化水平的起点没有极特殊的情况都必须是高中毕业。

杨利伟的母亲魏桂兰和利伟的父亲商量，一致决定让儿子去读高中。

1981年夏，杨利伟进入绥中县二高中学习。绥中县共有两所重点高中，虽然二高中也是重点高中，无论是教学环境和师资力量，与一高中相比，多少有差距。那时候，两所重点高中招生的数额，加在一起不过五六百人，对于全县几千名考生，能上二高中，已经不错了。可是对于杨利伟来说，上二高中多少有些委屈。

上了高中就该选择文理科了。为此，杨利伟的母亲特意带着利伟找到了熟悉的二高中的语文老师李伟。

那天，他们来到了李伟家的平房。李伟是杨利伟母亲多年的同事，利伟小时候，没人带着玩儿，常守在李伟身旁，时间久了，他们就成了忘年交。母亲就是看中他们之间的交情，让李伟帮助劝劝杨利伟。

母亲是个很有修养的人，尽管她已经有了主意，但她不会让孩子感到难堪，还像平常一样，不紧不慢地问："你看这孩子，是学文啊，还是学理？"

李伟说："一高中的优势是理科，理科的好老师都在一高中，理科的大学生人家考的比咱们多，二高中的文科老师比较硬，考上文科大学的学生，两个学校不相上下。利伟应该去文科班。"

母亲听了李伟的分析，增加了劝说儿子的信心，询问着儿子："学文科吧？"

杨利伟瞅着母亲和李伟，没有说话。

母亲盯着儿子，足足盯了一刻钟，可是杨利伟依然站在那儿，一言不发。

母亲着急了："到底学哪科，你倒是说话呀！"

杨利伟开口说话了，简单干脆而又果断："学理。"

母亲说："二高中的优势是文科，你的文科基础又比较好。"

杨利伟说："我知道。"

母亲问："为啥还学理？"

杨利伟说："学理能考军校，文科没有军校。"

→ 跑步上学的高中生

★★★★★

秋天到了，九月是收获的季节，也是播种的岁月。杨利伟走入绥中县第二高中的校门后，开始了新的学习生活。

刚上高中，杨利伟就养成了良好的学习习惯和生活习惯，所有熟悉杨利伟的人，至今都能说出杨利伟每一天的时间表。

早晨5点半，他从家里跑步到学校，和住宿生一起做早操，然后，进入教室参加早自习。早自习结束，他又跑回家，快速地吃完早饭，返回学校，和其他走读生一样，开始了正常的学校生活。

杨利伟跑步的样子很轻松，像一只小鹿，两条腿富有弹性。他坚持跑步的身影成为当年小城里早晨的一道风景。

课间休息的10分钟，准能看到他在单双杠上燕子一样轻盈的身影。杨利伟的单双杠玩得都特棒，他的个子并不高，得猛蹬双腿用力一跃，才能抓住单杠。他的臂力很有力气，紧紧地握着杠子，使劲儿一收腹，便像一个风筝似的在杠子上旋转起来。

做课间操时，他从不偷懒。有很多同学在做操时，往往应付差事似的比划几下，可是在台上领操的体育老师准能发现，做得最认真、最标准的那个，就是杨利伟。为此，老师让杨利伟做班级的领操员。领操员面对着同学们，与正常的操是反方向的，杨利伟第一次领操居然没犯方向性错误，老师都感到奇怪。

休息的时候，杨利伟和体育老师聊过天，他开玩笑地对老师说，我的"方向感"可是童子功呀，是从小就练出来的，我练过"唱迷乐歌"转圈，有的同学"悠"了我好几十圈，他们看的人都发蒙了，我却一点儿事也没有。体育老师表扬他说，你的身体素质真是不错，若不是个子稍矮一点儿，你可以专门搞体育了。

杨利伟是一个勤快的孩子。放学回家，他不是干点家务活，就是辅导弟弟做几道题。晚饭后，坐在灯下，安安静静地温习白天学过的课程。

母亲是个要强的语文教师，经常给学生补课，回家很晚，看到这番情景，欣慰地说："我儿子一夜之间长大了。"

由于杨利伟坚持跑步上学，他的身体素质一直很好，这为他以后当飞行员奠定了牢固的基础。只是利伟的妈妈回想起孩子少年时期的情景，总是喜欢半开玩笑地说，我们家的孩子比别人家的一年得多费好几双鞋。

➔ 背着同学上医院

★★★★★

杨利伟的单双杠玩儿得棒，同学们当然羡慕极了。自然就有人学着他的样子，也想在杠子上来个燕子翻身、金鸡倒立什么的。

但什么事情看起来容易，真正要做好可是不容易呀。

一天上体育课，老师领着大家跑步做了一些热身运动后，就对班长说，下面的时间大家可以打篮球，或者是练单杠。大家一定要注意安全。体育老师可能是有什么事情离开了操场，让班长和体育委员组织大家在操场上练习。

杨利伟喜欢打球，也愿意练单杠，他只能选择其中一项。于是他先是猛地跳到杠子上，紧握双臂，先慢慢地悠了几下，待身体适应后，就一加力，刷刷刷做了几个漂亮的动作。杨利伟完成了几个较高难的动作后，就跳下杠子，搓了搓手，朝着篮球场走去，他还想和同学们抢几个球玩儿。

就在杨利伟转身离开单杠的时候，班里有一个细高挑儿的男同学，一伸手就跳到了单杠上。这个细高挑儿在刚才杨利伟表演的时候，一直瞪着两个圆圆的眼睛在看，杨利伟在杠上几个动作太精彩了。特别是细高挑儿看到班里的几个女同学都围在四周看，她们的眼睛里闪烁着敬佩的目光，还不停地为杨利伟鼓掌，有个长着杏仁眼的皮肤很白的女同学还不停地为杨利伟喊着："加油！加油！"这场景真让细高挑儿有些嫉妒。

当杨利伟走的时候，细高挑儿用鼻子轻轻地哼了一声，那意思是："有什么了不起的，不就是在杠子上翻两圈吗，就你会呀，我上去也一样。"

细高挑儿的鼻音被班里的那几个女同学听见了，一个女生说："要有真本事，用鼻子干什么？用手才行。"

细高挑儿于是抓住了单杠，他想表演一下，也给大家露一手，让你们看看我也不是白给的。

细高挑儿开始加力，两条腿用力地悠荡着，像个没装满沙子的麻袋。他悠得还真挺高，和地面形成了一个锐角。就在这个角度刚刚变换了三次的时候，他的手臂和他开了一个玩笑，像故意和他捣乱似的竟松开了杠子。细高挑儿真如失控的麻袋从杠子上摔了下来，只听他惊恐地喊了一声"妈呀！"人就结结实实地躺在了地上。

围观的同学们都吓坏了，这可怎么办？那个杏仁眼的女生脸更白了，像没有血色一样，"快来人呀！快来人呀！"她大声地呼喊着。也有的同学喊着找老师去呀，找校长去呀。大家乱成了一团。

杨利伟这时已经到了球场上，听到有人呼喊他立刻回过头来，见一帮人围在那个单杠下，他立刻想到是有同学摔下来了。

他转过身来飞快地跑到了单杠跟前，拨开人群，一看，细高挑儿眼睛紧闭，腿上流着血，把裤子都浸湿了，一副非常痛苦的样子。他知道同学伤得不轻，现在不能再等待了。杨利伟用手拉着几个男生，说，你们快把这个同学放到我的背上，我背他上医院，快点儿快点儿!

几个男生把受伤的细高挑儿抬到了杨利伟的背上，另外两个同学分别抬着他的双腿，然后他们就一路小跑地朝着县城的医院跑去。

到医院一检查，是骨折。若是再晚来问题可就更大了。

细高挑儿是一名来自农村的同学，家里离县城很远，一时半晌和他家联系不上，没有押金，医院不给做接骨手术，等下去，没准会耽误了治疗。杨利伟让班里的几个同学在医院里照顾细高挑儿，他跑出去找到了母亲，说明了缘由，母亲二话没说，掏出钱，让儿子快回医院，先把医疗费垫上。

那天晚上，母亲包了饺子，和利伟一道去了医院，让那位亲人不在身边的同学，分享一下利伟的母爱。

1982年春，也就是利伟入伍前三个月，他被学校评为"五讲四美三热爱"的标兵。

→ 丢了饭票别害怕

☆☆☆☆☆

杨利伟在中学学习阶段，崇拜林则徐、邓世昌等民族英雄，也崇拜那做好事不留名，甘愿奉献的共产主义战士雷锋。他认为学雷锋不能停留在嘴皮子上，关键是要看行动。

杨利伟崇拜的不仅仅是英雄的壮举，细微之处也在培养着自己的英雄情愫。

杨利伟读书的高中，有许多家在远处的住宿生，这些学生大多数来自农村。80年代初，辽宁西部的许多农民生活并不富裕，许多同学家里的收入少得可怜，有的同学甚至连每月八块钱的伙食费都掏不起。

看到同学如此困难，坚强的杨利伟心软了，他总是利用各种机会，尽可能地帮助这些农村的同学。他回到家，就说起班里同学家庭困难的事来。母亲是一个非常通情达理的人，虽然他们自己家的生活也不是很富裕，但是母亲看到了儿子身上关心别人的品质，就采取鼓励和支持的方法。母亲说，利伟呀，你从家里背点米吧，送给那几位困难的同学。杨利伟多次从家里背大米到学校，让那些家住在农村的同学到食堂去蒸饭。

杨利伟的心很细，有时他看见住宿生的衣服开了线，破了个口子，就对同学说，你快把衣服脱下来，我带回家给你收拾收拾。他把衣服带回家里，让妈妈给缝补上，然后自己动手把衣服洗得干干净净的，再送到同学们的手里。

一天午后，快要放学的时候，杨利伟看见一个住宿生在教室里急得团团转，手忙脚乱地找东西，甚至不嫌地上的脏土，趴在地上到处看。

你这是干什么呢? 杨利伟上前问道。

开始这位同学支支吾吾地还不说，杨利伟生气了，再不说，我就走了，可不管你这破事了。

原来，这名来自农村的穷困住宿生，靠学校的助学金才能上学，今天他到校外玩儿，一不小心，把一个月八块钱的红黄绿三色饭票全弄丢了。没有饭票意味着什么? 意味着这名同学将要挨饿，意味着回家挨父母的严厉训斥。要知道，那个时候，山区农村，一个好劳动力的月收入不会超过十五元，何况他家还是村里的困难户，根本没有闲钱给他。那名同学，找了好半天也没找到，急得哭了。

杨利伟没有太多的安慰话，只是说了句："你呀，怎么就不能多注意点儿呀，行了，丢了就丢了吧，找不到也别太着急了。"说完便一溜小跑地回了家。

进了家门，他简单地说了一遍事情的经过，并把自己想帮一把这个同学的想法说了出来。母亲赞扬了儿子的做法，母子二人一起动手，做了白菜炖肉粉和鸡蛋炒韭菜，用罐头瓶和饭盒装好，急急忙忙地赶回去。从学校跑回家，再从家跑到学校，把饭菜送到同学的手中，杨利伟仅用了40分钟。

这顿饭同学吃饱了，可是第二天早上的饭还没有着落，离给困难同学发放五块钱的助学金还有一个星期，杨利伟于是又塞给那个同学两块钱，帮助这个同学解了燃眉之急。

→ 拾了一块上海表

★★★★★

在高中阶段练习跑步，是杨利伟的一个习惯，这个习惯他坚持了好久。

那时学习是很紧张的。可是不管怎么忙，杨利伟总是坚持从家跑到学校，也坚持每天都在操场上跑上两圈。他说，跑步可以全面地锻炼身体，对心肺都有好处，它能增加人的肺活量，所以经常跑步，会使人健康。

在中学，据杨利伟的同学们说，他从来不

放松锻炼身体，有时，操场上只剩下他一个奔跑的身影，他也不觉得孤单。他跑起来的样子很好看，像一只不知疲倦的小鹿。

那是一天早晨，杨利伟又来到操场上，操场上一个人也没有，只有他的影子在太阳的照耀下拉得很长，影子是他的伴侣。他猫下腰把鞋带系紧了，双腿跳了跳，算作热身了，然后，沿着跑道朝前迈开了脚步。

早晨的阳光很好，天边飘着的云彩在太阳的照射下仿佛像镶上了一道金边。他正在跑着，忽然看见在前方二十多米的地方，有一个东西在闪闪发光。走到跟前，杨利伟看清了，那是一块手表。他把手表从地上捡了起来，那手表凉凉的像一块小小冰坨子。杨利伟再仔细看这块表。哦，他认识这个牌子，这是上海牌的手表呀。在那个年代，有一块上海牌的手表，那可是一种财富的象征呀。那东西很贵的，一块上海牌手表起码要值 120 块钱，而且还得拿购物券才能买得到，老师的工资每月也只有三四十块钱，买一块手表，不吃不喝也得攒三四个月。

这是谁的手表呢？杨利伟朝着四周望去，操场上静悄悄地，没有别的人，他想喊两声，"哎，是谁丢手表了。"可是话到了嘴边他又停住了，这个手表肯定不是刚丢的，也许它已经在操场上睡了一宿了。

丢手表的人一定会很着急的。

杨利伟握着手表，手表在他的手里一点点地有了温度。杨利伟把手表放在耳朵旁，他能清晰地听到那表针走动的声音。滴答滴答，像一个健康的人的心脏在用力地跳动，也像是在说，"你能把我交给主人吗？"

杨利伟何尝不喜欢手表呀，他家要是经济条件好的话，也会给他买一块的。可是他家眼下还拿不出这么多的钱。要是有一块手表，他就可以不必每天早晨起床时都要问妈妈"现在几点了？"他只要一低头看一下手腕就可以了。有了手表，他在教室里可以知道什么时候该上课该下课了，有了手表，他在操场上跑步时，就能准确地知道跑一圈用了多长的时间；有了手表，他参加考试时，就可以随时掌握进度，合理地安排答题的时间，还用得着那么手忙脚乱地着急吗？有手表的好处真是太多了。

可是这个手表是人家的，虽然他还不知道这个人家是谁。人家的东西再好，也不能随便占为己有。

这天的长跑他第一次没有完成自己的预定计划而中途停止了。

他依然以长跑的姿势跑着，目标是学校的办公室。

他找到了老师：报告！我在操场上捡了一块手表。是新的，还是上海牌的呢。

他边说着，边把那个带着自己体温的手表递了上去。办公室里的老师都被杨利伟的行为感动了。

老师们夸奖着：这孩子，品行真好，前后左右一个人也没有，捡到东西依然能交公。杨利伟长大呀，肯定会有大出息的。

→ 上课最爱提问题

★★★★★

　　弟弟杨俊伟在回忆自己与哥哥童年的故事时说：我记忆最深刻的是我和哥哥给家中劈柴的经历。当时，我们的邻居有两位没有儿女的老人，老人家的听力不是很好，平时的生活也有很多困难，我记得哥哥带我劈柴时，总是要把我们的柴送给老爷爷和老奶奶一些，当时两位老人总是高兴地摸摸我们的头夸我们……

　　弟弟说，我哥哥很能干，劈柴火，一劈一大堆，摞起来像一座小山似的。

　　杨俊伟说，哥哥和我一起干活的时候，就喜欢和我提学习上的问题。他一考我，我就发懵。因为我没有他那样在学习上爱较真。

　　说到利伟学习爱较真，最有发言权的还有当年杨利伟读高中时的杨玉华老师。杨玉华当年在第二高中负责档案工作，直接参与杨利伟选飞的体检、目测等一系列工作。现在杨玉华老师早已退休在家，但说到杨利伟在高中学习的故事，她立刻就激动起来。

杨玉华说：我非常喜欢利伟这个孩子，他航天成功后，有的媒体说杨利伟在中学学习时偏科。其实这话一点根据都没有，作为教他的老师，我最清楚。

我们当老师的上课，都喜欢爱思考问题、上课积极发言的学生。杨利伟就是其中的一个。杨老师说，有一次我在他们班上课，讲到一个物理学家的故事，我说那个物理学家是美国人，有过许多著名的发明创造。我饶有兴趣地正讲着，突然看见杨利伟把手举起来了。他这时候举的哪门子手呀，我不答理他，继续接着讲那个物理学家。

我又讲了一会儿的时候，看见坐在前几排座位的杨利伟把手又举起来了，因为他坐在教室的前面，他一举手，别的同学都能看见。我只好把兴头上的话打住，对杨利伟说，你有什么问题，说吧。

他站起来对我说，是不是老师您记错了呀。据我所知，您刚才说的那个物理学家不是美国人，而是德国人。接着他又较详细地介绍了那个物理学家一些具体的事例。这不是让我难堪吗？可是又一想，我们平时不是鼓励学生们大胆发言吗，杨利伟今天的表现是对的，见了错误不说才应该给予批评呢。于是我在班里表扬了杨利伟，他在以后的课堂上更爱发言了，学校的老师都知道有个叫杨利伟的同学爱提问题。

➡ 民间故事的魅力

★★★★★

　　辽西的许多乡镇素有"故事之乡"之称。绥中县绥中镇更有"讲古王"、"故事王"摇篮的美誉。绥中在清朝时就是辽西及关外各路商贾贩客通往辽南、辽北、辽东的交通要道。称它是东北黑土地上的"丝绸之路"集散地一点也不过分。各大酒家、车店云集镇中。夜晚食宿的客人为了打发寂寞，就集在一起讲出各自从不同地区带来的传说和故事。渐渐地，说书讲古的人在这里便成为了"职业"。讲的、听的、传的多了，这里不仅是商贸的集散地，更是民间传说故事的集散地。这里的家家户户旮旯儿儿都盛满着古老的传说故事。杨利伟的许多亲属在当地都是小名气的民间故事家。

　　小利伟从小就常常听各种民间故事，在大人们讲的各种传说故事中，最令小利伟着迷的是《牛郎会织女》的传说和《嫦娥奔月》、《七仙女下凡》这类飞天神话故事。听多了，具有思索与探秘精神的他，便常常在夜晚站在院子里望着浩渺的夜空，想象着宇宙里的神奇。他常常对妈妈说："等我长大后，我一定飞上天空去见牛郎、织女和嫦娥、玉兔。"

杨利伟到了高中学习之后，对天文地理的知识掌握得多了，当然他知道，牛郎、织女的故事只是在民间流传的传说而已。但是这些美好的民间故事还是给了步入青年时代的杨利伟广阔的想象空间。想象是一个人梦想的温床，也为杨利伟的未来世界打开了一扇最美好的天窗。

"受古老的飞天传说故事的启蒙教育，以及他超常的刻苦学习与勤奋训练，加上国家航天强大的科技力量做保障，使他今天终于带着古老民族的梦想，成功地飞上了太空。"杨利伟的妈妈不无感慨地这样概括说道。

杨利伟完成飞天梦想之后，又投入到新的学习和紧张的训练之中，他曾平静地说："应该说家乡那些神奇的飞天传说故事，从小对我理想与兴趣的培养所起的作用是不言而喻的。我感谢父母及亲人给我这些美好的启蒙教育。"

→ 抛物线引起的遐想

　　高中的物理课，早已接触到基本的力学、加速度等知识了。

　　杨利伟对上物理课特别感兴趣，他坐在教室的前面，眼睛睁得溜圆，仿佛要把老师讲的每一句话都吞进肚里。物理这门科学让杨利伟大开眼界，他觉得这里面奥妙无穷。

　　物理老师是一位很有经验的老教师，文革前的大学毕业生，讲起课来语言幽默、生动，很枯燥的那些物理定理公式什么的，从这个老师嘴里出来，都变得富有形象。

　　但是，也不是所有的同学都对物理感兴趣的，班里还是有不少同学对物理找不到感觉，老师一上物理课的时候，他们听不进去，更有几个同学，也许是头天晚上看电视贪了晚，上物理课时竟趴在桌子上睡觉。

　　这天这节物理课老师讲的是抛物线，老师口若悬河讲着这个物理的基本原理，忽然当老师看到在教室的后面有两三个同学竟趴在桌子上睡觉时，就用一根粉笔头打去，那个粉笔头在空中划了一条美丽的弧线，啪的一下准确地击中了目标。那个同学的美梦被打碎了。

老师幽默地说，你们看见了吧，这就是抛物线。

杨利伟随着全班同学认真地欣赏到了这一场面，大家都哈哈大笑起来。这时老师说，别笑了，别笑了，咱们继续讲课吧。课堂上静下来的时候，老师开始往下接着讲新内容了，可是杨利伟还在思考刚才的抛物线。他举起手来问，不论扔什么东西，这个物体都会呈抛物线吗？

老师说，是的，在地球上任何地方抛出一个物体都会有抛物线，如果你在太空上扔东西，那就是直线了，因为太空中是没有空气的，是没有引力的。我们在地球上所有的东西都有重量，就是因为地球有引力呀。

怎么能摆脱地球的引力呢？杨利伟又问了一句。物理老师说，如果你对这个问题感兴趣，我还是可以多说几句的。人类要摆脱地球的引力可是太难了，我们看见无论是鸟儿还是飞机他们飞得那么快，可是都会被地球拉回来。现在世界上已经有用火箭发射的方式把飞船送上太空的了。不过，那个火箭的速度要快，哦，有第一宇宙速度、第二宇宙速度、第三宇宙速度，每秒钟的速度在十几公里以上，这样才能冲出地球的引力。不说了，这个题太复杂，你们现在是听不懂的，将来，也不好说。这是世界尖端的科学，我们国家现在还不能发射航天飞船，而苏联美国的宇航员已经多次步入太空了。

物理老师说着自己笑了起来，咱们还是言归正传吧，我今天有点讲跑题了。杨利伟在座位上小声说，没跑题没跑题，我就乐意听你讲这个。老师低头看了看眼前的这个个子不很高的同学，你真的爱听？真爱听！老师接着看了看杨利伟又补充了一句，怎么，你想摆脱地球的引力呀？我看你那只是梦想喽，除非你会成为一个太空人。太空人，就是宇航员。咱们中国啊，十多亿人呀，现在还没有一个呢。

这时，班里的同学们都笑了起来，但杨利伟没有笑，他的表情很严肃，他在深深地思考，从那条抛物线，思考着地球引力，思考着太空人……

步入军营

你吃了几百个苹果

★★★★★

1983 年的春末夏初，也就是高中毕业的前两个月，中国人民解放军空军来绥中招考飞行员。

这是杨利伟生命中一个重要的转折。

刚听到这个消息后，杨利伟就立刻激动起来。多少年前，他就想考军校，现在当一个飞行员的机会来了，如果能在蓝天实现他的梦想，这是杨利伟多少年梦寐以求的夙愿。招飞的工作人员和老师都强调了，回家和父母商量商量再报名，他根本没和任何人商量，提笔就写了申请书，第一个交了上去。

回到家中，沉静的杨利伟再也无法沉静了，抑制不住地说："我报名了。"

母亲不解地说，报了什么名？

我要当飞行员呀。待杨利伟将情况一细说，妈妈同意了。

姐姐却觉得这是不可能的事情，空军年年赶在高考前从应届高中毕业生中挑飞行员，这么多年了，绥中县几年也走不上一名飞行员。飞行员的身体检查严格着呢，有块小伤疤都不行。听了姐姐这么说，杨利伟那颗火热的心立刻降温了。小时候那么淘，磕哪儿碰哪儿，出点儿血，都是平常的事儿，哪能一丁点儿伤疤都不落下的。他的心变得平常了，管他检查上检查不上的，一定参加体检，这次检查不上飞行员，高考时咱报别的军校，照样去当兵。

全县有 1500 名男同学报名参加体检，大浪淘沙一样，第一道体检就淘汰了一大批，不是视力不够，就是鼻子有问题，要么就是砂眼，辽西的风沙大，春季又干旱，有这些小毛病的人太多了。好不容易过了第一关，好多同学，血压和心率又不过关了，原因是紧张，心理素质差。

这几关，杨利伟顺利地通过了。下一关就是裸体检查。好多同学都害羞，不愿意脱衣服。不愿意脱衣服怎么行，医生的眼睛也不是透视镜。轮到杨利伟了，他一点也不扭怩，他边脱衣服边说，怕什么，我脱，我脱。说着他就痛快地脱光了衣服，既然想当飞行员，就应该接受医生严格的检查。第一轮体检结束后，剩下 100 多人。接下来又是文化考试，又是政审，几天后，预选合格的仅剩下 20 人了。

他从医生的眼神中看到了他们对自己的满意。

离选上飞行员的距离越来越近了，杨利伟对自己也越来越充满自信，他高兴地对家里人说："马上去锦州参加复选了。"

当然，去锦州的复选更加严格，205 医院的军医们，简直是鸡蛋里挑骨头，只眼睛这一项，就要检查十多次。坐上转椅，凶狠地给你转上十几圈，下来站在地上，你得纹丝不动，还得快速地道出东南西北。轮到检查杨利伟了，座转椅对于杨利伟来说，那是小菜一碟，根本不当回事儿，无论怎么转，他都像没上过转椅一样。见杨利伟如此正常，医生又多转了杨利伟几圈，立刻提出个猝不及防的问题："今天早上你吃了几百个苹果？"

话没落地，杨利伟已经做出了回答："几百分之一。"

如果是一个脑筋笨的伙计答这道题，一定会考虑是吃了一百个还是二百个呢，可是杨利伟没有让这个题绕住。

杨利伟的头脑清醒得很，他知道医生们是在考察他的反应，这不是一道脑筋急转弯的题，所以他回答的巧妙甚至有些幽默，他为自己回答而满意。他甚至想让医生再问几个问题。转那么几圈算什么？我小时候就练过，几百圈也不迷糊。

→ 绥中人的骄傲

★★★★★

所有的检查都合格了，唯有血压，医生觉得有点儿高，考虑到可能是运动的原因，医生让他等一会儿再查。飞行员对血压的要求极为严格，血压高肯定检查不上。

已经过五关斩六将马上就要穿上飞行员的服装了，怎么能让血压成为绊脚石呢。杨利伟心里不服气。可是光不服气是不行的，得赶紧想办法呀。

这时一个随着他来检查身体的亲属说，好像我听说过，人要是喝点醋，就能把血压降下来。

喝醋？能好使？杨利伟一听说，就立刻高兴起来。快点儿，给我买一瓶醋。

醋到处都有卖的，很快就拿到了杨利伟的面前。杨利伟倒了一大碗，那碗醋，就是辽西有名的老陈醋，浓浓的，有点像酱油，老远就能闻到那酸酸的味道，不用说喝，瞅他一眼，就觉得牙根发酸。

平时，杨利伟吃饭时，是不太喜欢吃醋的。可是这次他要把这碗醋喝下去。喝了就能把血压降下来了。

杨利伟把碗端起来，轻轻地放在嘴边，先用舌头舔了一下，呀，真是太酸了。哼，怕酸还想当飞行员不？他仰起头，咕嘟咕嘟几大口，就让这个大碗见了底。

是醋起作用了，还是一种心理作用，接下来等医生再检查杨利伟的血压时，结果让人惊喜：完全正常。

这一关，有惊无险地过去了。

锦州这关闯过去了。下面的最后一关，是到沈阳进行最后一次的体检和考试。就如同参加中央电视台由王小丫主持的"开心辞典"节目一样，他已经连闯多关，看到胜利的曙光了。

这时候，他的亲人、他的学校的老师同学，都在急切地关心着杨利伟的沈阳之行，他能闯过最后的关口吗？

当然，杨利伟虽然是许多人关注的焦点，但他是不喜欢张扬的。从沈阳回来的时候他只是轻轻地对母亲说："我通过了！"

从最后这道关走出来的，整个绥中县仅有三人，杨利伟是其中之一。

　　母亲是高兴的，他用爱怜的眼光看着儿子，嗔怪中夹着难以言表的心绪："看给你美的。"

　　说实话，母亲对儿子检查上了飞行员，并没有显出太多的高兴，她知道，飞行员是个危险的职业，她多少有些担忧。这期间，利伟的父亲出差了，还不知道儿子检查上了飞行员，母亲立刻拍了份电报，征求父亲的意见。父亲回了电报，内容是顺其自然。

　　没过多久，航空学校的录取通知书发到了绥中二高中，惊动了整个县城，好几年绥中没出飞行员了，这一次，绥中一下子竟出了三个，真是绥中的骄傲。这三户人家的门前，挤满了祝贺的人群。

　　杨利伟当然高兴了，高兴得像个小孩子，从童年开始就梦想着当飞行员，这一梦想终于成为现实了。在递送录取通知书的同时，上级又下达了一项命令：尽量呆在家里，避免感冒，避免发生意外。家里人都知道，国家千挑万选，才选出一名飞行员，都尽心尽力地保护着利伟，不让他出门，不让他与同学们相聚。

　　呆在家里，无事可做，利伟重新操起了教材温习一番。他对姐姐说："当飞行员需要很多知识，我要抓紧时间，多学一点儿。"学累了，他就翻起武侠小说，感受着书中的那些英雄气概。

　　航空学校的人来接自己的学员来了，绥中的三名飞行员，居然都来自二高中，他们都感到惊讶，觉得这是罕见的奇迹，二高中成了飞行员的摇篮。他们买来一个高大的座钟，赠给二高中，感谢学校为他们一下子培养了三名飞行员。

送行的那一天，县里开了欢送大会，县委书记、县长都出面为这三名未来的飞行员致词。当年，他们的名字，被载入了县志，成了全县有史以来最年轻的人物。可见，当时的人们对飞行员看得是多么神圣。

杨利伟对这些热闹的场面毫不在乎，武装部送他们上车之前，他还抽出空，贪玩地和别人打起了台球。没有分别的泪水，没有对未来的彷徨，车离开了绥中，他没有一点儿恋家的感觉。

→ 我给大家弹吉他

★★★★★

杨利伟穿上了空军服，他照了一张照片寄给了家里。照片上的他英俊威武，青春勃发。

入伍之后，杨利伟先到了保定预科班学习。这是由空军飞行学院办的预科班。

杨利伟很快从刚入伍的激动中走了出来。

穿上了军装，并不意味着就会成为一个合格的飞行员。虽然在锦州、沈阳他都通过了严格的身体检查，但那对飞行员来说，还只是一个小小的关口，他前边的路还很长很长。

他站在宽敞的校园里，看着葱绿的草坪和那些他叫出名和叫不出名的花草树木，他从树木的枝干上，把目光朝上望去，望着头顶上蔚蓝的天空。

哦，天空多好，那里有飘浮着的朵朵白云。

白云是悠闲的，可杨利伟的心却一点儿也不轻松。预科班意味着什么？意味着他们在这一年半的时间里，随时接受淘汰。入学没多久，六个辽宁老乡，就有两个出局，无缘登上蓝天。

有个教官悄悄地提醒他："你表现一般，可能就被淘汰。"

杨利伟一听，心里七上八下的。到了部队的学院，他还保留着从前的淘气劲儿，又爱打抱不平。他观察着别人，别人的这些缺点都被部队铁的纪律给磨平了，都在拼力地表现自己，谁都在努力抢占第一，免遭无情的淘汰。和大家比，他确实觉出了自己努力不够。不就是争第一吗，有什么难的。向来不服输的杨利伟，一项一项地向着第一奋斗。别人扎堆在一起闲谈时，他从来不参与，他不擅长和别人天南海北地闲谈那些没意义的话题，他把时间用在学习或者训练上，或者是弹一段吉他，也比毫无意义的闲扯强。

哦，我们说一说杨利伟的吉他吧，那是一个有着六根金属弦的乐器，吉他的音域很宽，有着较大的共鸣箱，特别是它的和弦非常好听，吉他可以随身携带，有"野外小钢琴"的美誉。杨利伟在中学时候就喜欢上了弹吉他，吉他陶冶着他的情操，让他的生活在优雅的韵味中伸展着。

各个单科经常考试，每次他的学习成绩一出来，几乎都是"优"。

要做到这一点其实难度很大。比如说，训练立臂上，达到三训练就可以毕业了，他非要达到最高标准五训练。百米赛跑，他本来已经是第一了，他还要跑，跑出了11秒的好成绩，达到了国家二级运动员的标准，他百米跑的成绩至今还是保定预科班的纪录，没人能突破。

考试、训练当然不是杨利伟生活和全部内容。他还积极参加助民活动、参加大学生合唱团、坐公共汽车让座、不在外边吃东西。优秀的品质都是在平时的小事中一点一点地体现出来的。在部队生活是有严格的纪律要求的，只要部队有规定，他都遵照执行。

游泳也是一门课，这也是他最喜欢的。小时候在家乡的北大坑、六股河的疯玩，使杨利伟水性始终超群。他在给母亲的一封信中写道：妈妈，多亏我小时候常下河，现在上游泳课，我可省事呢。

杨利伟的吉他弹得好，就有人自动前来当学生。好呀，只要你们愿意学习，我就来教，还不收学费。杨利伟开玩笑地对着他的追星族们说。课余的时候，他就教学员们一块儿弹吉他。在他的带动下，好几名从没摸过吉他的学员，也跟着练了起来。那时候，杨利伟最爱弹的曲子是《我爱祖国的蓝天》，他教给学员们的曲子，也是这个。没多久，大家都会弹了。

开联欢会了。杨利伟说，我来给大家弹一段吉他吧。他弹完了，然后把自己的伙伴们都喊出来："来来，都把吉他拿来，我们再一起演奏一个曲子。"

于是，大家都把自己的吉他拿了出来，杨利伟见大家准备好了，就悄声地喊了一句"一二！"战友们就开始弹起了《我爱祖国的蓝天》，那优美的旋律像一只只小鸟儿在军营上空飞翔着，它是那样的动听，因为他发自战友们的心灵。

杨利伟出色的表现，感染了教官们，也得到了大家的一致爱戴。很快上级就提拔杨利伟做了副班长。

弹吉他毕竟不是学习的主业，那只是对生活的调节。选飞行员是严格的，是来不得半点的马虎。毕业后，杨利伟曾深有感触地说，淘汰这种方式，真是残酷啊，不是第一，就总有被淘汰的危机。学员们也半真半假地说，利伟，你得感谢保定预科啊。有些学员因为各种原因离开了飞行员的队伍。但他们走到哪儿也不能忘了杨利伟的吉他。那美丽的琴声已经融入了他们的生命，留给他们的是永远最珍贵的最美好的回忆。

来保定读预科的学员总共 60 名，最后真正驾机飞上蓝天的，只有 24 人。这 24 人，是他们那届来自全国的精华。

打遍大队无敌手

★★★★★

1987 年，杨利伟从航空学院毕业了，成为空军某师一名强击机飞行员。天生聪慧加上勤奋努力，他不久便成了师里的飞行尖子，以后又成为一名优秀的歼击机飞行员。1988 年 9 月，他光荣地加入了中国共产党。在空军部队的 10 年间，他安全飞行了 1350 小时，曾两次荣立三等功。

刚到飞行大队的时候，杨利伟认识了一个战友叫王林，王林给我们讲了许多杨利伟和球的故事。

那是一个温暖的春天，他们两人是在集训时相识的。杨利伟的能吃苦、肯钻研在整个飞行大队是出了名的，业务水平在全飞行大队也是拔尖的，因此他很快成为那批学员中第一个放单飞的优秀学员，提前一年驾驭歼击机。当时，杨利伟一天到晚连轴转，很少有人见他休息过，除进行高强度的体能训练外，挤出时间还钻研业务理论。训练间隙里，他帮助落后的学员分析存在的问题，传授驾驶技术。

有一天，他们发现在训练室旁边的一个库房里有一个旧乒乓球台，有人就买了球拍来打球。战友们喊他来打球，利伟摇了摇了头说，咱们的训练任务这么忙，怎么能随便打乒乓球呢。

战友们以为杨利伟不会打球，才对这个体育运动不感兴趣的。就说，我们已经请示了大队的领导，领导说业余时间练练乒乓球，不仅能锻炼身体，还能练习我们的反应能力。杨利伟不吱声了，说你们打吧，我在一旁观战。大家热火朝天地打着乒乓球，玩得挺开心。但是说到乒乓球的水平，其实都很一般，没有谁是出类拔萃的。大家看着杨利伟总在一旁看，就劝他也下场玩一拍。有的战友说，利伟你不会打球没关系嘛，我们大家来教你。杨利伟笑了笑没有说什么，就接过一个球拍下场了。

他一出手，猛地一个抽球把大家给"镇"住了。谁说杨利伟不会玩乒乓球，你看他又会发上旋球，又会拉弧圈，还真是有点专业的水平。飞行大队里会打乒乓球的人也不少，打球的人和打扑克下象棋的人都有一个特点，就是谁也不服谁，都以为自己的本事大。于是，这个来和杨利伟较量一局，那个来和杨利伟杀一盘，杨利伟来者不拒，最后一个个都败在他的手下。几年了，飞行大队里还没有谁是杨利伟的对手呢。

→ 超强的身体素质

☆☆☆☆☆

杨利伟喜欢打乒乓球，除此之外，他的篮球打得也很不错。

无论是什么球，只要坚持练习对身体就有好处，这是杨利伟的经验之谈。特别是打篮球，它不仅对个人的弹跳、反应能力都能训练，而且打篮球还能培养人的团队精神，打篮球，是要讲配合的。光靠一个人的力量是打不赢的。

到部队后，杨利伟在航校学习时形成的坚持体能锻炼的习惯从没有间断过。航校里有一个很好的篮球场，在球场上大家常常看到杨利伟的身影。他一会儿又跑又跳地和人家抢篮板球，一会儿又带着球传来传去。

有一段时间，电视里转播美国 NBA 篮球联赛，只要不影响飞行，他几乎每场必看。还和战友们不停地发表着评论。

平日里，他常常到部队机场旁边的山上去锻炼，一座 800 多米高的山坡，他 10 来分钟就能跑个上下。他有个战友叫胡岳彪，对杨利伟良好的身体素质曾讲过这样一个故事。

有一年的一个周末，在训练休息的时候，杨利伟和战友们到西安市鸿门宴遗址风景区游览，他们早就知道那是一个很有名的风景区，可是由于部队训练忙，一直没有时间去看一看，这次休息，他要实现自己心中的夙愿。

到风景区去，离部队至少有50多公里的路程，从部队到那儿没有公共汽车，搭部队的车呢，那还要等上半天才有。怎么办? 杨利伟说，咱们骑自行车去怎么样? 战友说，骑自行车去? 那哪是近呀，来回100多公里的路，还不得把咱累个好歹。

杨利伟说，怕什么，就当是锻炼了，这次骑自行车去既锻炼身体又欣赏祖国风景名胜。说着杨利伟找了一辆自行车就出发了。杨利伟的身体真是棒，那么远的路，他在中途都没有休息几次，嗖嗖嗖地跑到了风景区。看了一圈后，杨利伟又骑着自行车返回了部队。

战友们听说杨利伟骑着车子往返100多公里的路程，这回还不得累得爬不起来，就到宿舍里看望他，可是找遍了宿舍也没有杨利伟的影子。

杨利伟到哪儿去了呢？

这时有人告诉说，别找了，人家杨利伟在球场上打篮球呢。

不用推，我自己跳

★★★★★

在预科班学习之后，杨利伟取得了优异的成绩。按照上级的安排，杨利伟去甘肃武威的第五航校学习了三个月，又分到了新疆哈密的第八航校。

空军第八航校是艰苦的地方，就是那个"早穿皮袄，午穿纱，围着火炉啃西瓜"的地方，地理条件也比较复杂，是个锻炼飞行员的好地方。入校不久，开始练习跳伞，杨利伟向来以胆大著称。背后有降落伞保护着呢，有什么可担心，小时候，他都不敢爬梯子。

跳伞的科目带有相当的难度。我们在电视里看见人家跳伞那是一种艺术美的享受。可是当你真的乘着飞机从高空中要往下跳的时候，十个人有十个都会腿软的。

杨利伟他们乘坐的飞机起飞了，带着他们这群学员，呼啸着飞上蓝天。这是第一次跳伞，学员们的脸上免不了表现出各种紧张的状态。杨利伟却沉静得像是从天上跳下去无数次的老飞行员一样。

按照跳伞的一般规律，体重的飞行员先跳，体轻一些的后跳，这样不至于跳伞的飞行员在空中相撞。

教练问："谁先跳？"

没有人回答。不回答不要紧，教练想，我可以给你们一点点时间，但今天谁都是跑不掉的。都得给我从这里跳下去。

教练还是按照规定的程序把跳伞的舱门打开了，风呼啸着冲进来，吹得人睁不开眼睛。适应了一会儿，才看见飞机下的山都变得那么矮了，跳下去岂止是万丈深渊。第一次跳伞，谁没有恐惧感？说实在的，杨利伟也有，说没有那是假话，第一次跳伞，他的腿也在发软。教练说，今天谁都得跳下去，早跳晚跳只是早晚的事。想当飞行员，不学会跳伞怎么行？怎么，还让我用手来推你们吗？

这时候，杨利伟说，不用，我不用推，我自己跳。杨利伟说到这儿时，脸上还是强露出笑容来，怕什么？干什么都有第一次的时候，有了第一次，第二次就好过关了。

教练，我的体重是排在前面的，请下命令吧。在教练的命令刚出口的时候，杨利伟屏住呼吸，大睁着眼睛，双脚一用力，第一个跳下去了。

杨利伟无法看到他的身后。

我们后来听说，飞行员跳伞训练时，有的学员被教练推下去的，有的学员被教练踹下去，主动跳下去的没有几个。

跳伞有跳伞的技巧，伞打开得越早，落地就越不准，只有到最低点，才能准确地落入指定地点。第一次跳伞，杨利伟就追求着最好，不管在空中坠落有多快，他都不慌不忙。抬头看上去，天上的降落伞早就飘成朵朵白云了，他才打开自己的降落伞。

最后跳下来的教练，看到杨利伟直线下坠，以为出事了呢，心里"咯噔"一下子，直到降落伞像一朵小白花一样打开了，他的心才放到肚里，心中暗暗赞佩，这小子，有勇气。

当然，最早落地肯定是杨利伟了，与指定的地点丝毫不差，动作也是完美无缺，人更是毫发无损。他把伞具收拾完了的时候，战友们才纷纷地落到他身旁。

→ 飞翔在祖国的蓝天

★★★★★

经过四年刻苦的学习，他的各科成绩都是优秀，他完成了一个飞行员应具备的所有学习科目。杨利伟终于成了空军一名优秀的歼击机飞行员，他儿时的梦想成了现实。

从此，他驾驶着战机尽情地飞翔在蓝天上。从华北飞到西北，从西北飞到西南，在祖国的万里蓝天上，处处留下了他矫健的身影……

杨利伟在天空飞翔着，他时常从飞机和舷窗向下望去，他的脚下是厚厚的云层，那云朵像棉花一样白，随着风在滚动着，像是一个大海。他驾驶着飞机在云中走着，有时感觉自己像一个行船的舵手在大海中弄浪。

天空中时有云层稀少的时候，这时杨利伟会清晰地看到地面上的空旷的原野，那原野像一张巨大的水墨画，有稻田，有丛林，呈现着五彩缤纷的颜色。在那田野里，能看到整齐的田垄像是谁用格尺画的一样，有的直有的曲，美丽极了。

他的飞机经常从辽宁的上空飞过，虽然速度很快，但是杨利伟还是能清楚辨认出大地上的城市是沈阳还是葫芦岛。他甚至不用那山上的标志灯来指引，凭着自己多年的经验，会准确地知道自己的位置在地球的什么经纬度。

他看到了那个绥中小城，具体的楼房是看不清，但他肯定他的家是在那一带的居民区里。这时候，他就猜想自己父母在做什么呢？是在屋里做饭吗？还是走在下班的路上？姐姐和弟弟还好吗？为啥一个多月没有给我写信了呢？杨利伟这时就猜想，家里的亲人都知道他开飞机的，他们听见飞机响声，一定会出来看的，不仅是家里的亲人，连邻居还有他的老师、同学都会指着天上的飞机说，你们快看，你们快看，那个开飞机的是不是杨利伟呀？

是我呀，就是我呀，杨利伟的眼睛有点湿润了，家乡的亲人们，我想你们呀，我会好好在空军飞行的，请亲人放心，请家乡的父老放心，请祖国放心。

在不断的飞行中，他的技术更加成熟了，用炉火纯青来形容他的驾技都不过分。

但是他并没停滞不前，他知道艺无止境，他像一只鸟儿似的不断地磨炼着自己的双翅。

杨利伟真的是一只鸟呀，他自由地在天上飞翔着，飞得比鸟还要高，还要轻盈。

他在飞行中能按照要求不断地变换着各种飞行的方式，那是难度很高的动作，可是他表演得非常成功，像是在高雅音乐的伴奏下跳空中的芭蕾舞。

让我们用一首诗来抒发一个飞行员的胸怀吧。

飞行员，是在天上作画
自如潇洒，气势宏大
画屏就是那整个的天空
而画笔就是飞机的双翼
满天的风云任我挥洒
我在飞　我在画
我画什么
不画毕加索的白鸽
不画徐悲鸿的骏马
我用飞机在祖国的天空大写意
题目就是——锦绣中华
我飞呀，我飞；我画呀，我画
横一笔　从东海朝阳画到昆仑晚霞
竖一笔　从白山黑水画到曾母暗沙
从下画　从九霄云外画到三峡大坝
每一笔饱蘸的真情都是黄金无价

我在飞呀，我画的每一笔
都画在五星红旗下

→ 保护飞机要紧

★★★★★

那还是 1992 年的夏天。杨利伟所在部队来到新疆某机场执行训练任务。那天，他驾驶着战鹰在吐鲁番艾丁湖上空作超低空飞行。突然，飞机发出一声巨响，霎时间仪表显示汽缸温度骤然升高，发动机转速急剧下降！

怎么办？现在飞机是处在一种失控的状态下飞行着，它仍然飞得很快，那是借助于惯性，待能源不再供给的时候，飞机很可能像一只中弹的大鸟，从天上跌落下来，那是一种什么样的后果呢。

可能杨利伟此时已经无暇去想那可怕的后果了，一个有着崇高责任感和高超技术的飞行员此时应该做的是，用最快速度准确地找到故障的原因在哪里，然后迅速拿出解决的办法。

他仔细检查着眼前的各个仪表，那密如蛛网的仪表显示屏上不时传出报警的尖叫。应该说，杨利伟的业务是相当熟练的，他只是朝仪表的方向看了一眼，就会从中找出病症究竟在哪里。他的脑子以每秒钟几万圈的速度在飞速旋转着，一只手不停地按动着检测的开关，另一只手紧紧地把握住飞机的操纵杆，让飞机借助惯性平稳地在空中滑翔。

这时，一个发动机的转速几乎停止了。汽缸的温度高到了飞机的极限，如果再不能找到毛病，他和飞机通向的道路只能是死神了。

一个疑惑被排除了，另一个疑惑也被排除了。仅仅是几秒钟的时间，此刻，却有一个世纪一般的漫长。

杨利伟终于明白了，自己碰上了严重的"空中停车"故障，飞机的一个发动机不工作了! 紧急关头，杨利伟异常冷静。他一边向地面报告，一边按平时训练的要领做出一系列动作，进行妥善处置。他心里只有一个念头：一定要把飞机开回去!

"空中停车"的故障，是摆在任何一个飞行员面前的万丈深渊，如果故障不排除，他是可以选择弃机逃生的方式的。但是杨利伟知道，一架飞机价值几千万元，那是国家的财产。作为一个飞行员，杨利伟根本没有考虑弃机的路子，他只是对自己说，要沉着冷静，必须把飞机完好地开回去。

他稳稳地握住操纵杆，慢慢地收油门，驾驶着只剩一个发动机的战机一点点往上爬升、爬升。500 米、1000 米、1500 米，飞机越过天山山脉，向着机场飞去，稳稳地降落在跑道上。

地面的地勤人员向着杨利伟跑来，他们伸出双臂拥抱着这位从死神手下英勇返回的英雄。

团长激动地表示，要为杨利伟记三等功一次。

申请继续飞蓝天

★★★★★

上世纪90年代初，杨利伟所在的西北某空军部队在"百万大裁军"的潮流中被撤销。这时，杨利伟面临着从业的再次选择，一些亲朋好友劝他：当飞行员既辛苦又危险，不如趁机换一份工作算了。与他同部队的战友们，很多在部队精简整编中改了行。

这时候，如果杨利伟到地方工作，他可以很轻易地找到一家航空公司，那里的待遇收入都是非常可观的。然而，杨利伟向组织上递交的是一份申请继续飞行的决心书。1992年，杨利伟被调到成都空军某部。

新的单位还是一个比较艰苦的地方，但是

杨利伟说："作为一个飞行员，意志更重要，恶劣的环境正好磨砺意志。"

新的单位地处山沟，爱人一时安排不了工作，地理环境和生活条件比过去差，飞行气象条件比过去复杂，他将由飞强击机改飞歼击机，技术得重新开始学。

他的家庭生活在这个阶段也曾遇到过很大的困难。

当他走到了飞机的跟前，看着地勤人员掀开了驾驶员的门舱时，一种军人所特有的意志品质告诉他，杨利伟，现在你必须把所有的家事统统忘掉，你是一个军人，你现在是执行任务，军人的天职是服从命令，当军人就要奉献，甚至要牺牲。想到这里，杨利伟的头脑清醒了，那里闪跳的都是和飞行有关的程序和数据。

夏日的川东山区，像一座火炉，机场气温高达40多摄氏度，飞行服安全带上的连接环被烈日晒得像在火中烤过一样，稍不注意，皮肤就会被烫起一个血泡。杨利伟在这样的环境中一干就是两个月。到了冬季，这里又寒气彻骨，冻得人手脚发麻。在严酷的大自然面前，杨利伟却表现得轻松、乐观。

他今天飞向太空，是一步一个脚印走出来的。

→ 妻子眼中的航天员

★★★★★

　　载人航天是无比辉煌的事业，但是它也是一项高风险性的科学探索活动。我们的神舟五号载人飞船发射前，进入最后准备程序的三位航天员，他们的内心既被巨大的荣誉感、责任感激励着，也被首次太空飞行的高度风险考验着。

　　他们的妻子也一样。

　　无比的激动和风险的巨大心理压力同时敲撞击着她们的心灵。

　　心理学告诉我们，为了把航天员的心理调整到最佳状态，需要为他们创造和谐的人际环境，让他们感受到家庭妻子儿女的温馨。

　　杨利伟的身后站着张玉梅。

　　张玉梅是杨利伟的妻子。她戴着一副白边眼镜，说起话来轻声细语，柔弱文静，有人称她更像一位女诗人。张玉梅以前是一位中学教师，教书育人的生活经历，让她具备了关爱别人、善解人意的品质。

现在的张玉梅是北京航天城的一名文职军人。

想到在 1996 年 7 月杨利伟接受航天员体检的那些日子，张玉梅说："也曾预料到当航天员会有一定风险的，我当时就给杨利伟的父母亲打了电话，征求老人们的意见。他们都是教师出身，思想都很开通，都很支持杨利伟去参加航天员选拔。"

张玉梅文弱的外表下有一颗坚强火热的心，支持丈夫投身到太空飞行这一伟大的事业中，虽然有一定风险也义无反顾。

张玉梅的支持给了杨利伟不可或缺的信心和力量。

张玉梅说："我支持利伟，当航天员多么光荣啊。我们中国的载人航天事业刚刚起步就让杨利伟赶上了，他能为民族争光，这是多么了不起啊！"话语

△ 航天英雄杨利伟飞抵北京后与家人合影

▽ 难得陪儿子骑回自行车

不多，却掷地有声。

在张玉梅眼里，杨利伟无论做什么事情都很认真。他脑子反应快，但是刚开始学习航天基础理论时还是很吃力的。可是杨利伟在学习上有一个钻劲，从来不甘心落后。张玉梅在杨利伟的学习上尽可能地给他帮助。那次英语考试，杨利伟得了 100 分，就是张玉梅辅导的功劳。张玉梅有时间就帮杨利伟抄录和整理一些学习材料。

在张玉梅的眼里，杨利伟是关心孩子的。对丈夫来说，关心孩子就是关心妻子。

张玉梅在一次和记者的交谈中说，杨利伟特别能带孩子玩儿，他把自己小时候玩过的名堂一样一样想出来，教给孩子玩儿。孩子喜欢飞机、木头手枪。他告诉孩子说，他自己小时候可玩不起买的飞机和手枪。玩的都是自己做的木头飞机、木头手枪。孩子一听，买的飞机、手枪不玩了，非要玩自己做的木头飞机和木头手枪不可。杨利伟就自己动手，用木头给孩子做了玩具飞机、玩具手枪。孩子玩得可高兴了。

最能发现丈夫心细的当然是妻子了。张玉梅说，杨利伟对她和儿子非常关心，他去杭州疗养，回来时不忘给自己带一条丝巾，给孩子带一样玩具。张玉梅的衣服都是利伟帮着上街挑选的。张玉梅记得杨利伟是 B 型血，她说 B 型血的人感情丰富。说起这话的时候，张玉梅的脸上露出满意的喜悦来。

杨利伟第一个上天的理想终于实现了，张玉梅觉得自己是世界上最幸福的人了。

百炼成钢

→ 入选解放军航天员大队

★★★★★

　　1996 年的夏天，杨利伟接到上级的命令，让他去参加航天员的体检。在做飞行员的时候，杨利伟曾无数次地接受过各种严格的身体检查，一个飞行员的身体素质要求是非常高的，而航天员则是在飞行员的队伍中百里挑一。杨利伟知道，全国有 1500 多名飞行员接受检查，按照这个比例，将有 14 到 15 个人会成为航天员。

　　从飞行员到航天员的路很远很远。但是杨利伟果断地迈出了自己的双脚，他的眼睛盯着前方的目标。

　　杨利伟没有和组织讲任何条件，他只说我要听从祖国的召唤。

　　当然，在了解了航天员的工作性质和特点之后，杨利伟首先感到高兴的是祖国的航天技术在飞快地发展着，我们国家终于可以培养自己的航天员队伍了，而他成为航天员的预备人员无疑是幸运的，是值得骄傲的。他相信自己的能力和素质。

　　无疑，航天员将要在太空中工作，他的工

作岗位是在飞船上。有关专家指出,在飞船上每增加一克有效载荷,就必须付出很多的推力,飞行的代价十分昂贵。从人体生理学的角度来讲,身体粗矮一些的人,其脊柱对抗冲击力的能力会更强一些。

杨利伟作为航天员的预备人员,他接受着祖国的选择。这一切在最初都没有和家人说,他怕给家人带来更大的担心。

这是一个漫长的过程,选航天员用了足足几个月的时间。一个个项目是极其严格的,而且难度让常人难以想象。各种各样的难关他都闯过来了,那里是冰山,是没有人烟的荒漠,是人迹罕至的雪峰,他都轻松地度过了,像吃一盘小菜。那难度极高的科目和身体测试,如同地雷阵,如同万丈深渊,却没有难倒他。

选择是严肃的,淘汰也是残酷的。杨利伟亲眼看着那些看起来无论从身材还是学识都无可挑剔的飞行员一个一个被刷了下来。

幸运的光环再次照在了杨利伟的头顶。

这个从辽宁西部的绥中县城走出来的军人,这个身高 1.68 米,体重 65 公斤的杨利伟在 886 名初选入围者中力挫群雄、脱颖而出,他成了一名光荣的中国人民解放军航天员大队的成员。

1998 年的一天,那是一个阳光灿烂的日子,杨利伟和被选拔出来的其他 13 人一起来到了北京航天员医学工程研究所。

他们是悄悄地来的,没有电视媒体的跟踪报道,也没有报社记者的采访,但这些战士都知道,他们是中国第一代航天员,他们的身上肩负着梦圆飞天的使命。

摆在杨利伟面前的任务重如泰山。

他要攀越的第一道阶梯是基础理论训练:载人航天工程、航天医学基础、天文学、天体力学、空气动力学、心理学、外语……

他要学习的功课足有三十多种,涉及到十几个门类,那些需要他读的书籍摞起来有一人来高。这些比他1983年考上飞行学院时的学习要难上几倍、几十倍。杨利伟回想起那些日子时说，好多知识是以前没有接触过的，掌握这些知识对我来说真是非常困难。

雄关漫道真如铁，而今迈步从头越。

一向不甘落后的杨利伟，又开始废寝忘食地发愤学习了。

→ 唱起《中国航天员之歌》

★★★★★

当上航天员，无疑是杨利伟人生中最值得书写的一页。

北京航天医学工程研究所负责人吴川生，至今还清楚地记得当年他与杨利伟最初的接触。

那是1997年的春天，吴川生奉命来到空军某部，对航天员入选对象——杨利伟进行最后的考察。

杨利伟原所在的空军部队在四川梁平。他们几经周折，才来到目的地。

寒暄了几句后，团领导便滔滔不绝地向吴川生介绍了情况。

"利伟是团里的飞行尖子，从强击机改飞歼击机后，适应很快。参加航天员选拔后，我们安排他少飞，他却不同意，这两天还在参加飞行训练。"

"小杨是个热情的人，平时话不多，很稳重，与战友们相处得很融洽，战友有什么事他都来帮忙。"

"杨利伟反应快，技术全面，有过应对紧急情况的经历，还立了功……"

在第二天的上午，吴川生见到了杨利伟。

吴川生现在还记得他来到杨利伟家的情景。杨利伟家的房子是一套两居室，屋里很整洁，摆着一套简易的沙发，屋子里有一个五斗橱，橱上有电视机和收录机，旁边是一叠录音带，一看就知道主人是喜欢音乐的。

那时候，杨利伟的儿子小宁康刚学会走路，一摇一摆地在客厅中间晃着，小家伙很调皮，也很是招人喜爱。他一会儿要听音乐，一会儿要拿汽车，搞得杨利伟小两口轮换着抱了好几回。

飞行员是"百里挑一"，航天员还要更上一层楼，在飞行员里再进行"百里挑一"。杨利伟步入中国航天员的行列里，开始了他向着太空探索的新的人生历程。

杨利伟喜欢唱《中国航天员之歌》，这首歌的作者就是吴川生。他既是一位知人善任的领导，又是一位秀外慧中富有才华的作家、诗人。

> 我们是中国航天员，驾驶着神舟号宇宙飞船。
>
> 在太空漫步，在宇宙探险。
>
> 开创未来的世界，我们奋勇向前。
>
> 璀璨的银河在我脚下，闪烁的星球为我导航。

腾飞吧，飞船。腾飞吧，航天。

我们是中国航天员，驾驶着神舟号宇宙飞船。
月亮在招手，火星露笑颜。
欢迎来自中华的朋友，在这里建起新家园。
飘逸的星河为我起舞，浩瀚的太空为我歌唱。
腾飞吧，飞船。腾飞吧，航天。

吴川生还写了一首题为《驾着飞船去远方》的儿童歌曲，是一首小小航天员的歌。这首歌在杨利伟的儿子小宁康以及航天员的下一代中间传唱着：

小小航天员
神采飞扬
穿上洁白的航天服
驾着飞船去远方
带上一粒种子
撒下一片片希望
背起一个个行囊
采回一样样宝藏
啦啦啦，啦啦啦
小小航天员
多么神奇，多么欢畅

→ 从来没按过这个红色按钮

航天环境适应性训练，是航天员训练中最为艰苦的，是向人的极限能力挑战。仅以其中的"超重耐力"训练为例，在飞船处于弹道式轨道返回地球时，超重值将达到8.5个G，即人要承受相当于自身重量近10倍的压力。通常情况下，这很容易造成人呼吸极度困难或停止，意志丧失、"黑视"甚至直接影响生命。要"飞天"，就必须通过训练来增强人的超重耐力。

超重耐力训练在离心机里进行。在圆圆的大厅里，杨利伟坐进一只8米多长铁臂夹着的圆筒里。在时速100公里高速旋转中，他不仅要练习紧张腹肌和鼓腹呼吸等抗负荷动作，而且还要随时回答提问，判读信号，保持敏捷的判断反应能力。

离心机在加速旋转，人受到的负荷从1个G逐渐加大到8个G。杨利伟的面部肌肉开始变形下垂、肌肉下拉，整个脸只见高高突起的前额。做头盆方向超重时，他的血液被压向下肢，头脑缺血眩晕；做胸背方向超重时，他前胸后背像压了一块几百斤重的巨石，造成心跳加快，呼吸困难。

"G"这个符号很专业，是航天员训练时常遇到了术语，我们曾请求专家能否用通俗的语言解释一下，专家想了想说，一个 G 就好比一个 70 公斤体重的人压在你的身上，8 个 G 就像有八个人，八个 70 公斤重的人压在身上，那是什么感觉？你还要工作，要操作，要去按照程序的规定去工作。

这是对人意志的考验，也是对人身体素质的检验，有时候光凭意志而没有良好的身体素质也是一事无成的。

在杨利伟进行这种"残酷"的训练时，就在他的左手旁，有一个红色的按钮，是用来报警的。那个按钮很醒目，在一大堆花花绿绿的小钮中它鹤立鸡群似的在看着你，在用无声的语言来呼唤着你。可是杨利伟从来不愿意看它一眼。

还可以打个比方，这个红色按钮就像一个救生圈，如果你落水了，只要一伸手，就可以借助它摆脱困境。一些航天员在训练时，都先学会使用这个红色按钮。

杨利伟的教练也告诉利伟："如果你在训练时，感到不行了，身体支撑不住了，你就可以按按钮叫停。"

杨利伟感谢地说："我知道了，我早就懂得了那个按钮的用途。"但是，说不上杨利伟在这个超常耐力的训练机里练了多少次，说不上他的身体忍受了多少剧烈的痛苦，在每次离心机训练时，他都是以坚强的意志，忍受着平常人难以想象的煎熬，坚持到训练结束。

他从未碰过这个按钮。

任何事情都不能影响训练

★★★★★

　　杨利伟对训练的认真和刻苦是航天员大队人所共知的。

　　杨利伟的妻子张玉梅原来是位中学教员，她娴静文弱，通情达理。为了支持丈夫的事业，张玉梅几乎承担了所有的家务，即使是自己的宝贝儿子出生，她也没有耽误过丈夫的工作。

　　2001年7月，张玉梅患肾病住进了医院，肾病是一种很难治愈的疾病。医院通知患者要做"肾穿"，也就是肾活检手术。张玉梅说，当我被推进手术室的那一刹那，看到杨利伟对我那种从未有过的万般牵挂和怜爱歉疚的眼神时，我的心真是如刀绞一般。

　　手术后，张玉梅的身体十分虚弱，24小时平躺在床上一点都不敢动。可是手术后的第三天，杨利伟就面临一项新的任务：到吉林某空军基地进行航天员高空飞行训练。

　　大队领导很替杨利伟担心，关切地说，你妻子病得很厉害，是不是推迟几天出发？

杨利伟何尝不关心自己的妻子，可是一想到航天员的飞行训练，想到祖国的飞天梦想，他说，请首长放心，我已请老母亲过来帮我照顾，任何事情也不会影响我的训练。

　　临行前的这天，杨利伟在妻子病床边陪了整整一夜，望着身体极度虚弱的妻子，他小声地说，你真的挺得住吗？

　　妻子含着眼泪说，利伟，这么多年我都挺过来了，你就放心地去"飞"吧。到了那儿，一定要注意安全。

　　第二天，杨利伟告别病床上的妻子回到了航天员大队。那次高空飞行训练，杨利伟完成得干净利落，又一次取得优异的成绩。

　　航天员大队的领导曾不止一次地对记者说，在一年多的时间里，一边是病重的妻子，一边是紧张的训练。杨利伟承受的压力可想而知。但是，他的训练成绩一直名列前茅，从来没有耽误过一次训练。

　　说起这事，还有一个小插曲。杨利伟妻子张玉梅随军后，由于工作性质关系，两人始终是分多聚少。带孩子、做饭等家务大多是张玉梅一人承担。为此，杨利伟总感觉欠妻子太多。2001年春节休假时，当着众多亲朋好友的面，杨利伟特地高歌一曲，一首《懂你》唱得妻子泪水涟涟，那歌声飘进了妻子的心里：

　　　　你静静地离去
　　　　一步一步孤独的背影
　　　　多想伴着你
　　　　告诉你我心里多么地爱你
　　　　花静静地绽放
　　　　在我忽然想你的夜里
　　　　多想告诉你
　　　　其实你一直都是我的奇迹

→ 打电话学外语

★★★★★

杨利伟的战友曾这样评价他，说他的文化基础在航天员的学员中并不是最好的，但是他却是一个最刻苦最肯钻研的学员。

进入航天员大队后的第一次考试，由于杨利伟功夫下得大，他得一个93分，这是一个非常不错的成绩，在大队里，除了两位曾经在俄罗斯进行培训过的航天员外，杨利伟的成绩在新入选的航天员中名列第一。

航天员对外语也有很高的要求，杨利伟发现自己的英语比较薄弱。过了三十岁的人，想把外语学得很精深那是有相当难度的。杨利伟却从来没有想过要放弃，他除了上课认真听讲，认真写作业写笔记外，还买了录音机反复地听、说、写，不断地给自己寻找练习的机会。

杨利伟常常对着镜子练习发音，又把自己的语音录下来，与磁带上的标准语音对照着找差距。他学英语那个劲儿简直就像着了魔一样。

有一天，杨利伟从航天员的公寓里给妻子

百炼成钢

打电话，抄起话筒来，说出的竟是英语。

妻子张玉梅先是一愣，以为是谁打错了电话，这是哪儿的外国人呢? 可是再仔细听，原来是杨利伟用英语在说话呢。善解人意的张玉梅马上就理解了丈夫努力学习外语的一片苦心，好在张玉梅也有一定的英语基础，她也开始用英语和杨利伟对上话了。

这真是一个极好的学习方法。杨利伟一下子就尝到了甜头，有电话和妻子说英语既能沟通感情，又提高自己的英语技巧，这个办法太好了。

从此，杨利伟就经常从航天员的公寓里往家里打电话，让妻子张玉梅给自己当陪练。他一遍一遍，反反复复。英语的口语果然有了非常明显的提高，在后来的一次考试中，他的英语成绩居然一下子得了个 100 分。后来杨利伟的妻子和他见面的时候，提到考试成绩，张玉梅半开玩笑地说，你的成绩里可有我的一半呢。

杨利伟笑了笑说，别说这回英语考试，我的所有成绩、我的军功章上都有你的一半呢。

→ 儿子，爸爸想你

★★★★★

在香港出版的一家报纸上，曾登过这样一条消息：第一位中国人上太空，辽宁人杨利伟成为大陆人心中的新偶像。据悉，这位大英雄曾经为了训练，几个月都没见过儿子一面，是现代版的"大禹治水"故事。

应该说，杨利伟是从 1500 个飞行员中脱颖而出，成为一个光荣的航天员的。他非常珍惜这个机会。

从 1998 年初，杨利伟迎着灿烂的霞光正式到北京航天员训练中心报到那天起，他就开始为争取成为一个真正的太空人踏上了一条漫长而又艰苦的训练之路，走下去再不回头。

这时候，他的儿子刚上幼儿园，儿子想爸爸，爸爸也想儿子。可是由于工作的特殊性，杨利伟竟有三年没有探望过儿子。他的儿子是聪明的，很小的时候，就知道爸爸是一个开飞机的。但是儿子并不知道爸爸又成为了一个航天员，杨利伟是不会告诉他的，入伍这么多年来，他牢记部队的纪律要求，从来没把自己的工作地点、业务情况告诉他的同学和亲人，他的熟人只知道杨利伟是一个空军的飞行员，至于在哪儿飞，开的是什么飞机，连杨利伟的爸爸妈妈也不知道。有时，杨利伟的父母和儿媳张玉梅说起利伟的工作，老人以为儿媳妇能知道多一些。可是说到具体内容，张玉梅也是一问三不知。老人们理解儿子，说，以后咱们不要多问，孩子在部队有部队的纪律。

在医学工程研究所的航天员训练中心，杨利伟进行的是一种封闭式的严格训练。"过五关斩六将"，他像一块百炼成钢的铁，整天在那里锤打着自己的筋骨。

终于，有一天，杨利伟说，我想儿子了，要到所幼儿园里看一看我那宝贝儿子。

到了幼儿园，一帮孩子在滑梯边正玩着。张玉梅伸出手来指着一个小男孩儿对杨利伟说，那就是你的宝贝儿子杨宁康。

杨利伟上前拉住了儿子，亲切地喊着："小宁康，快来让我看一看，想爸爸吗？"

儿子说："想，你怎么总不来看我呀！"

杨利伟说："爸爸训练任务忙，这不今天来看你了吗！"

儿子问："你以后还天天训练吗？"

杨利伟说："当飞行员就要天天训练的。可是，只要有时间，爸爸一定会经常来看你的。"

儿子高兴了："好爸爸，你真是个好爸爸！"

→ 强化训练：向极限挑战

★★★★★

　　训练，训练，就像你一天要吃三顿饭一样，训练每天都伴随着杨利伟，不同的是，别人吃饭，每天三顿再不会增加了，而航天员的训练，却不断地在加码。

　　航天员的理论训练和专业技术等训练门类多，覆盖面宽，操作技术复杂。训练项目和内容包括基础理论训练、体质训练、心理训练、航天环境耐力和适应性训练、专业技术训练、飞行程序与任务模拟训练、救生与生存训练等7大项目，每一大项里又包括多项甚至几十项具体项目训练。因此，通常培训一名航天员需要4年左右的周期，等于重上一次大学。

　　太空是神奇而美妙的，但不具备地球所赐予人类的重力、氧气、压力和水等生存的必需条件。飞船遨游太空，航天员要在密闭狭小的环境里经历超重、失重相互交替的过程。而要克服这重重的障碍，除飞船必须具备适合人的生存条件外，航天员必须一步一个脚印地刻苦训练。

　　超重训练是一项挑战极限、培养抗负荷能力、顺利完成载人飞行的航天生理功能训练。人类在地球生存，其重量归因于地球的引力。要克服地心引力束缚，必须达到第一宇宙速度，即 7.19 公里／秒。在这个加速过程中，重力条件发生了变化，这种新的重力状态与静止在地球表面时的重力状态相比，可用 G 来表示。当 G＝1 时，称为标准重力状态；当 G＞1 时称为超重，G＜1 时称为低重状态。在航空和航天的飞行中，都将遇到超重问题。战斗机的急速爬高或下降时，往往超重 G＞1，但时间短，只几秒钟时间；而飞船在入轨前的上升段和完成轨道飞行后返回地面时，由于向心加速度比重力加速度高出许多倍，其超重值将达到很高的 G 值，虽没有战斗机那么高（不超过 4—5 G），但持续时间长，往往有 7—10 分钟。如飞船按弹道式返回地球时，超重值将达到十几个 G，人相当于承受自身重量的十几倍的压力，容易造成呼吸极度困难或停止，意志丧失、黑视甚至直接影响航天员生命。

　　正因为太空对宇航员的要求如此之高，所以在地面上的训练就来不得半点的马虎。神舟五号的太空之行仅仅是 21 个小时多一点，而杨利伟为了这 21 小时的成功却付出了几年的心血。准确地说，从 1996 年进行航天员的检查到 2003 年上太空就是整整 8 年的时间，如果再往前推，把他从事飞行的时间都加上，那是整整 20 个年头呀。

➡ 睡觉：大头朝下

★★★★★

选拔出的航天员都要经过包括基础理论和专业理论学习、体质训练和心理训练、专业技术操作训练、救生与生存训练等内容的严格基础训练和专业考核，才能承担载人航天飞行任务。

杨利伟在训练中最难忘他头朝下睡觉的情景。没有业余时间，睡觉也是训练。

据航天科学家透露，宇航员上飞船进入失重的太空会使全身的血液都向上半身集中，这种"大头朝下"的感觉会使头部因为充血而变肿。为了适应这种状况，宇航员们在一张特制的倾斜床上头朝下一躺就是6个月。此外，在太空中，宇航员还会发生视觉偏差、骨质丢失等其他身体变化。为此，宇航员一直在进行着极艰苦的身体及心理训练，为出色地执行"神舟五号"的飞行任务做准备。

宇航员的安全和身体健康的研究是空间技术发展的一个重点，宇航员训练中心里有各种各样为使宇航员适应太空生活而设置的模拟舱。据负责中国航天员选拔与训练工作的航天界专家介绍，中国对宇航员的训练主要分为三个阶段，即基础训练、技能训练和综合训练。基础训练主要训练宇航员的身体素质、生理医学训练以及航天基础知识的培训；技能训练包括各种航天任务的操作、飞船上的设备操作和空间试验操作等；综合训练是针对飞行任务的大型综合训练与演练。

在培训基础理论的第一阶段，航天员要学习飞行动力学、空气动力学、地球物理学、气象学、天文学和宇宙航行学，以及火箭和飞船的设计原理、结构、导航控制、通信、设备检测、航天医学知识等等。学习的要求远比任何一所大学要高得多，也严格得多。

第二阶段是专业技能训练。航天员要熟悉飞船的结构、组成以及飞船各系统的工作原理和模式。

这些训练杨利伟都按照要求完成了。

第三阶段的综合训练以飞行程序和任务训练为主。航天员们要在与真实飞船相同的训练模拟器上按照航天飞行程序进行模拟飞行，从进入飞船到发射升空、轨道运行及返回、着陆，熟悉太空往返的全过程。在这个训练过程中，教练员还常常故意为航天员们设置各种突发性故障，以考验和提高他们的故障发现、判断和排除能力。

宇航员的训练远比我们想象的艰苦得多，有些训练甚至是让人难以忍受的。当初苏联宇航员在一年时间内，要骑自行车 1000 公里，滑雪 3000 公里，越野跑步 200 多公里。当年美国的登月宇航员要穿着几十公斤重的宇航服，在炎热的佛罗里达沙漠中每天行走 20-30 公里。我国的宇航员也要进行同等强度的训练，而如此的体能训练，不是一般人能承受得了的。

想成为宇航员，入选条件除了飞行时间超过1000小时、基本身体素质良好外，还必须通过航天城特有设施的"技术考验"，包括：每分钟转速24圈的转椅，这张转椅不但可以做180度顺时针和逆时针的快速运转，而且可以同时上下前后摆动。转椅主要是用于检查宇航员候选者的前庭神经功能，以检查其对震动及眩晕的耐受能力；前后摆动幅度达15米的电动秋千是测试飞船进入轨道时宇航员适应空间运动能力和可能使人体产生的空间运动病等；模拟飞船返回地球的冲击环境也是训练的重要内容之一，这项训练不但可加强宇航员的抗冲击耐力，同时还可研究各种方式的防护措施；此外，人体离心机这个巨大的旋转装置开起来时，与游乐场中的"飞碟"有些类似，但其转动的速度和摇摆角度则是"飞碟"无论如何都无法比拟的，这个装置可以建立同方向作用于宇航员的超重条件。

　　低压舱是一座T形舱，内有工作舱、休息舱和卫生舱三部分。当宇航员穿上特制的航天服进入低压舱后，舱内的空气就被抽掉，宇航员此时就开始进"太空"。狭小的舱内既没有电视也没有音响，就连做一些摇摆幅度较大的健身活动也很受限制，没有电话，不准通信，与社会完全隔绝。学会如何适应这种环境，是走进太空之前必须攻克的课题。

　　天象仪室是宇航员模拟训练中的最后一个关卡，宇航员升空执行任务之前必须在这里熟悉星空图，找出自己将要走过的路线，一旦载人飞船的自动导航系统出现故障，宇航员就不得不启动手动装置找到回家的路。

→ 自信：没有什么失误

★★★★★

我们有必要再细说一下离心机的训练。

离心机训练是航天员提高超重耐力最有效的设备。在飞速旋转的离心机上，能造成不同G级的超重感觉和上升时有人往上推、下降时有往悬崖下跳的错觉。公园游乐场的"过山车"等娱乐项目，许多人望车生畏，不敢登车。就是勇敢者几圈下来，有的轻飘飘的不知东西南北，有的面色苍白，头晕呕吐。一般娱乐项目产生的超重只在 2 G 左右。而航天员的离心机训练却要承受 8 个 G 的重力!

在圆圆的大厅里，杨利伟和战友们要坐在一只 8 米多长铁臂夹着的圆筒里，在时速 100 公里高速旋转中，不仅要练习坚持腹肌和鼓腹呼吸等抗负荷动作，而且还要随时回答问题，判读信号，保持敏捷的判断反应能力。在高速旋转中，他的面部肌肉开始变形下垂、肌肉下拉，整个脸只见高高突起的前额。头盆方向超重时，血压向下肢，头脑缺血眩晕；做胸背向超重时，前胸后背像压了一块几百斤重的巨石，造成心跳加快，呼吸困难。每作一项训练，都要付出巨大的体力消耗。

杨利伟是个爱动脑筋的人，他懂得，教员所讲授的抗负荷方法要靠个人在实践中体验。所以，每次训练他都有意识地按照个人体验的方法去练习，及时与教员沟通，总结经验，掌握好抗负荷用力和频率的度，慢慢地琢磨出规律和方法，在以后的训练达到 8G 以上，使这项极具挑战、严酷苛刻的训练变得轻松起来，成为同伴中抗负荷成绩的佼佼者。

在飞船模拟器的训练中，杨利伟也同样拔尖。飞船模拟器是在地面等比例真实模拟飞船内环境，对航天员进行航天飞行程序及操作训练的最为重要的航天专业技术训练场所。飞船从发射升空到进入轨道，再调姿返回地球，持续时间几十个小时甚至上百个小时，飞行程序指令上千条，操作动作上百个。舱内的仪表盘红蓝指示灯密密麻麻，各种线路纵横交错，各种设施产品星罗棋布。要熟悉和掌握它们，并能进行各种操作和排除故障，只有靠在模拟器中反复演练。

每次训练，杨利伟的眼睛总是那么亮，各项检查总是那么细，每个动作总是那么到位，他以自己严肃认真的精神、熟练的技术赢得了教员们的称赞。在最后阶段的专业技术考核中，教员为他设置了许许多多的故障陷阱，他都能很快地发现，进行排除。每次考核结束后，教员都要问他操作有没有失误等问题，他都自信地回答：没有什么失误！

几年的训练，杨利伟专业训练成绩提高很快。基础理论十三门课程，每一门考核他的成绩都是优秀；体质训练每个课目训练成绩都很突出，他是单位田径运动会短跑 100 米纪录的创造者；他的前庭功能、超重耐力等都是航天员中最好的；在首飞选拔的 5 次正常模拟飞行程序考试中，他获得了 1 个 99.5 分，1 个 99.7 分，3 个 100 分的好成绩，在强化训练的航天员中专业技术综合考评第一！

　　正因为他有这么多的第一，从 2003 年 7 月开始的第一轮遴选工作，经过逐人逐项认真量化打分比较，他是 14 名航天员中综合素质最优的 5 人之一。在 9 月初进行的第二轮遴选中，对 5 人又进行了认真分析比较，经过评委的不记名投票选出 3 人作为首飞梯队，他们是：杨利伟、翟志刚、聂海胜。

➡ 不看手册，也能处理好

★★★★★

　　杨利伟被选入"3 人首飞梯队"后，很快就被确定为首席人选。

　　杨利伟更加全身心地投入了"强化训练"。"飞船模拟器"简直就成了杨利伟的"家"，可以说，他就长在这里了。

飞船模拟器这个词我们在前面提到过，现在有必要再细细地描述它一下。

飞船模拟器是在地面等比例真实模拟飞船内环境、对航天员进行航天飞行程序及操作训练的专业技术训练场所。飞船从发射升空到进入轨道，再调姿返回地球，持续时间几十个小时甚至上百个小时，飞行程序指令上千条，操作动作有100多个。舱内的仪表盘红蓝指示灯密密麻麻，各种线路纵横交错，各种设施星罗棋布。要熟悉的掌握它们，并能进行各种操作和故障排除，没有别的捷径，只有靠反复演练，才能做到娴熟使用。

于是，杨利伟把能找到的舱内设备图和电门图都找来，贴在宿舍的墙壁上，随时默记。他还用小型的摄像机把座舱内部设备和结构拍录下来，输入电脑，刻制了一个光盘，一有空他就打开电脑放这张光盘，边看边琢磨和研究。

真是应了这句俗语：功夫不负有心人。经过这样刻苦的训练，那些密密麻麻的图表和键钮，杨利伟熟悉得已如同自己手上的纹路。

他曾经这样告诉笔者，现在我一闭上眼睛，座舱里的所有的仪表、电门的位置都能想得清清楚楚，随便说出舱里的一个设备的名称，我马上可以想到它的颜色、位置、作用。操作时要求看的操作手册，我都能背诵下来，如果遇到特殊情况，我不用看手册，也完全能够处理好的。

杨利伟说的手册，用通俗的语言解释是一本关于飞船的说明书，那是一本厚厚的辞典之类的读物。对飞船的各种仪表零件都有详细的介绍。那上面还有图标，只要你一对照实物，就会弄懂零件的用途。

那本手册早已印在杨利伟的心里了。

手册的内容早已如刀子一样刻在杨利伟的记忆里。正像我们

百炼成钢

前面说过的，无论处在一种什么样的状态，杨利伟都不会"迷糊"的。

正是因为杨利伟对飞船飞行程序的操作程序烂熟于心，在 21 小时 23 分钟的飞天之旅中，他的全部操作才没有出现一次失误。

➜ 父母送儿：一碗龙须面

☆☆☆☆☆

浓郁的辽西民间文化传统与风俗习惯，跟这次飞天发射竟有着千丝万缕的联系。

儿子长大，因为学习和工作要一次次地离家远去。平时每次送杨利伟，父母都要按照辽西当地的民间传统习惯，包饺子或做龙须面为儿子钱行。这种古老风俗，被辽西人视为送亲人出行前必吃的"吉祥饭"，当地人认为，吃了饺子和龙须面，外出办大事一定能够顺利。这种说法做法虽然没有科学根据，但此种民间风俗却在说明人们对成功与顺利的渴望。

这次杨利伟要上太空了，这可真是天大的事，是谁也比不了的出的一趟最远的"门"，这回出门，怎么重视它都不过分。当然了，在不违反部队规定的前提下，杨利伟的父母还是把多年来形成的辽西民俗的一些做法，用在送儿子出"远门"上。

10月14日晚，在北京的父母得知第二天中国首次发射的宇宙飞船最后选定儿子驾驶的准确消息后，两位老人在激动的同时，忙找到熟人打电话给北京航天员训练中心后勤部门，父母恳求按照老家辽西的风俗习惯，想为儿子做顿壮行的"吉祥饭"，并补充说道：吃完老家的"吉祥饭"儿子会感到十分亲切的，对心理压力与情绪紧张的减轻和调解会有一定帮助的。

训练中心负责后勤的人员，听到杨利伟父母的建议感到有些道理，在征得有关航天员营养师的认可允许后，10月15日凌晨，在驾驶宇宙飞船飞天之前，按照杨利伟父母提供的做法，有关厨师特意为杨利伟包了一盘茴香牛肉馅儿的、具有辽西家乡风味特色的手工饺子并擀制了一碗又宽又长的"龙须面"。

这日凌晨，杨利伟走进餐厅看见桌子上摆的是辽西老家人为亲人送行时吃的"吉祥饭"时，他感到了意外的惊喜。当厨师和服务员告诉他这顿不同寻常的壮行饭的来历时，载负古老民族飞天梦想即将出征的杨利伟双眼湿润了。伴着老家辽西人的淳朴民风、伴着慈祥父母送来的祝福与期待，杨利伟将餐桌上所有的饺子和"龙须面"香香甜甜地吃完。离开餐厅奔赴发射现场之前，杨利伟深情地对厨师说道："吃到这顿家乡风味的、为我壮行的'吉祥饭'对我很重要，我感到特别的温暖和温馨。感谢我的父母、感谢所有关心帮助我的人！"

后　记

精神的力量是永恒的

神舟五号载人航天首飞成功的喜讯激动着每一个炎黄子孙。作为《文学少年》杂志的一个编辑，在那举国欢庆的时刻，我们立刻想到要在刊物上向中小学生们介绍和宣传航天英雄杨利伟的事迹。作为杨利伟的辽宁老乡，这是我们责无旁贷的事情。

为了采访组稿，我和杂志社的老主编赵郁秀迎着初冬的小雪先到葫芦岛再到绥中县，努力地收集着各种有关杨利伟的素材。有关杨利伟少年生活的稿子在刊物上发表后，立刻受到了读者们的热烈欢迎。

这本书的写作是在辽宁省委宣传部和省作协领导的支持下进行的。

我在图书馆、资料室、各种媒体以及因特网上追踪着杨利伟的身影，认真筛选着构建此书的文字。严格地说，这本书应该是集体创作的，很多东西是属于资料性的，我只是执笔。许多了解和熟悉杨利伟的朋友向我热情地介绍杨利伟的故事，那点滴的细节汇聚成了小溪，最后有了大海一样的规模。翻检成型的书稿，说心里话，我并不十分满意。写这种纪实的文字必须尊重生活的真实，而虚构和想象恰恰是这类作品的大忌，它不像我写小说那样更具有创作的自由度。

写作的过程也是我学习的过程，这是我写此书的一个重要的动力。

我比平常人更多地了解了航天英雄成长的历程，也受到了英雄事迹的鼓舞和激励。特别是我能有机会与杨利伟面谈，这都是我幸运的偏得，杨利伟的朴实、谦逊以及对生活的卓见、对事业的忠诚都深深地感动着我，我想，这些也将会感动并激励着我们的读者。

杨利伟说，特殊的工作环境对航天员提出特殊要求，训练挑战人的生理极限，之所以能经受这些压力，源自航天精神的激励。他举了个例子，在离心机上接受飞船返回训练时，航天员会非常难受，每人都会一手拿操作器，一手拿报警器，如果忍受不了可以报警。但参加训练十年来，没有一个人按过报警器，"是爱国之心、民族精神支持着我们面对风险，承受压力，去实现民族千年梦想，精神的力量永恒"。

精神的力量是永恒的，我们的国家，我们的民族需要的正是杨利伟身上体现出来的这种像太阳一样的精神力量。

我们的社会需要航天员的精神，这种精神就是一个人的成才之本。笔者在采访杨利伟时，请杨利伟为全国的中小学生写一句话。杨利伟想了一下，挥手写下了这么几个大字：

——希望你们飞得更高！

这里说的飞得高，不仅仅是说往天上飞，祖国建设的各行各业都需要人才呀。飞，是需要翅膀的，这翅膀就是知识，就是科学，就是对我们祖国的热爱。我们应该飞得更高。一个没有梦想的人，不可能有创造的激情。一个没有梦想的民族，总有一天会被世界所淘汰的。

我感谢绥中县原副县长时任葫芦岛市文联主席刘明、绥中利伟高中校长李伟、杨利伟的少年好友小胖等父老乡亲，他们对我的采访给予的帮助。

还要特别提出的是，北京航天工程医学研究所政治部的领导同志在百忙之中审阅稿件，并提出中肯意见，一直帮助修改稿件，提供资料和照片，满腔热情地支持我的工作。他们的身上折射着航天人崇高的奉献与敬业精神，这也感动和激励着我们。

因本人水平有限，文中难免有鱼鲁之误，祈请读者批评是盼。

/100位

新中国成立以来感动中国人物/

丁晓兵　马万水　马永顺　马恒昌　马海德　中国女排五连冠群体

孔祥瑞　孔繁森　文花枝　方永刚　方红霄　毛岸英

王　杰　王　选　王　瑛　王乐义　王有德　王启民

王进喜　王顺友　邓平寿　邓建军　邓稼先　丛　飞

包起帆　史光柱　史来贺　叶　欣　甘远志　申纪兰

白芳礼　任长霞　刘文学　刘英俊　华罗庚　向秀丽

廷·巴特尔　许振超　达吾提·阿西木　邢燕子　吴大观

吴仁宝　吴天祥　吴金印　吴登云　宋鱼水　张　华

张云泉　张秉贵　张海迪　时传祥　李四光　李春燕

李桂林和陆建芬夫妇　李素芝　李梦桃　李登海　杨利伟

杨怀远　杨根思　苏　宁　谷文昌　邰丽华　邱少云

邱光华　邱娥国　陈景润　麦贤得　孟　泰　孟二冬

林　浩　林巧稚　林秀贞　欧阳海　罗映珍　罗健夫

罗盛教　草原英雄小姐妹　赵梦桃　钟南山　唐山十三农民

容国团　徐　虎　秦文贵　袁隆平　钱学森　常香玉

黄继光　彭加木　焦裕禄　蒋筑英　谢延信　韩素云

窦铁成　赖　宁　雷　锋　谭　彦　谭千秋　谭竹青

樊锦诗

图书在版编目（CIP）数据

杨利伟 / 董恒波著. -- 长春：吉林文史出版社，
2012.6（2022.4重印）
（100位新中国成立以来感动中国人物）
ISBN 978-7-5472-1092-5

Ⅰ.①杨… Ⅱ.①董… Ⅲ.①杨利伟－生平事迹－青
年读物②杨利伟－生平事迹－少年读物 Ⅳ.
①K826.16-49

中国版本图书馆CIP数据核字(2012)第136131号

杨利伟

YANGLIWEI

著/ 董恒波

选题策划/ 王尔立　责任编辑/ 王尔立 李洁华 马华 任玉茗

装帧设计/ 韩璘

出版发行/ 吉林文史出版社

地址/ 长春市福祉大路5788号　邮编/ 130118

电话/ 0431-81629363　传真/ 0431-86037589

印刷/ 天津海德伟业印务有限公司

版次/ 2012年8月第1版 2022年4月第4次印刷

开本/ 640mm×920mm　1/16

印张/ 9.125　字数/ 100千

书号/ ISBN 978-7-5472-1092-5

定价/ 29.80元